당신의 마음이 지난
치유능력을 믿으세요
당신의 마음은 거대한 우주예요
아픔을 이겨낸 당신의 마음이
가족과 친구들의 마음까지
살려낼 수 있을 거예요!

박 상 민

마음 근육 튼튼한
내가 되는 법

마음 근육 튼튼한
내가 되는 법

박상미 지음

일상이 버거운 당신을 위한 셀프 치유!

특별한서재

마음 근육 튼튼한
내가 되려면

● 　　건강검진받을 때 마음도 스캔해볼 순 없을까요. 그렇게 진단을 받고 문제가 있으면 치료도 받고 싶습니다. 내 얘기를 잘 들어주고 잘 지켜주는 사람을 만나기란 참 어렵습니다. 근육을 우리말로 '힘살'이라고도 합니다. 우리 몸이 힘을 쓰게 하는 살이라는 얘기지요. 근육을 기르지 않으면 우리 몸은 힘을 발휘할 수 없습니다. 근육 덕분에 바른 자세가 유지되고 관절도 움직일 수 있어요. 내장 기관을 움직이는 것도 근육입니다. 근육량이 증가하면 열량 소비가 활발해지고 기초 대사량이 증가하죠. 반면 근육량이 감소하면 당뇨병이 생길 확률이 높아지고, 복부지방이 늘어 심혈관 질환이 생기고, 노화도 빨리 진행됩니다. 그래서 우리는 어떻게든 몸의 근육을 기르기 위해 애를 씁니다.

우리 마음에도 근육이 있습니다. 마음의 힘살을 기르지 않으면 어떻게 될까요? 마음의 힘을 발휘할 수도 없고, 불안과 우울에 시달리며 마음의 노화가 빨라집니다. 마음이 늙는다는 건 의욕이 꺾인다는 뜻이에요. 그러면 포기하는 데 익숙해집니다. 잘 다치는 내 마음을 보호하기 위해서 사람을 피하게 되고, 혼자만의 방으로 점점 더 숨게 됩니다. 그 방에서 '우울'이라는 이불을 덮고 깊은 잠에 빠지는 거죠. 그러면서 스스로 안심시키려 애씁니다.

잘 다치는 마음을 보호하고 싶다면, 마음 근육을 길러야 합니다. 마음 힘살에서 긍정 에너지를 발산해야 하며 내 인생의 기초 대사량을 증가시켜야 해요. 마음이 지쳐 있을 때는 만사가 귀찮아지고, 모든 게 두렵고 피하고만 싶어집니다. 몸을 건강검진 받듯이 마음도 정기적으로 검진을 받아 건강을 유지해야 합니다. 평소에 스스로 마음 근육을 기르는 연습을 해야 합니다.

내 마음의 근육량은 얼마나 될까요? '마음 힘살'을 길러야 긍정 에너지를 발산할 수 있고, 관계를 살리는 기초 대사량도 증가시킬 수 있다는 걸 기억하세요.

박상미의
고민 상담실

"나는 늘 내 바깥에서 힘과 자신감을 찾았지만,
사실 그것은 언제나 내 안에 있었다."

지금부터 이 말을 믿고, 내 안의 힘과 자신감을 찾아봅시다.
내가 원하는 나의 모습을 적어보세요.
그 모습을 창조할 수 있는 가능성이 내 안에 있어요.
구체적으로 쓸수록 좋습니다.

이 책을 읽으며 마음 근육을 키우는 동안,
내 안에 숨어 있는 '원하는 모습'을 발견할 수 있을 거예요.

1장

인간
관계

거리두기의 지혜를 배우면

사는 게 편해져요

비난당했을 때
대처법

• 　　누군가가 대놓고 나를 비난합니다. 비난을 당하면 누구나 자기방어를 하게 되죠. 방어기제 첫 번째가 "네가 뭔데!"라고 거울반사를 하는 것이고, 두 번째는 "그럴 만해. 나는 왜 이럴까……" 하고 자기비하를 하는 것입니다. 누가 당신을 비난할 때, 당신은 어떻게 반응하나요?

"대학 졸업하고 입사한 지 1년째인데 회사 다니는 게 너무 힘들어요. 제가 일에 미숙해서 입사 초기에 실수를 많이 했어요. 우리 부서 과장은 마치 저를 비난하기 위해서 회사에 나오는 사람처럼 사사건건 지적하고, 비꼬고, 사람들 앞에서 면박을 줍니다. '내가 없을 땐 사람들 앞에서 내 욕을 얼마나 더 심하게 할까?'

생각하면 회사에 가는 게 끔찍해져요.

한마디 말도 못 하고 저는 늘 당하기만 합니다. 자꾸 참다 보니까 바보가 되어가는 느낌이에요. 한마디 해주고 싶은데 용기가 나질 않습니다. 바보 같은 자신에게 화만 납니다. 그러다 보니 이젠 과장에게 비난당하고 아무 말 못 할 때 속으로 '그래 이 멍충아, 너는 당해도 싸!' 하고 저 자신을 비난하게 됩니다."   – 28세. 남

"저는 '큰며느리 갑질'을 하는 시댁 형님이 너무 싫어요. 형님이나 저나 직장 생활 하느라 힘든 건 서로 잘 알아요. 그런데도 제게 '말'로 시집살이를 시켜요. 시댁 행사가 있을 때마다 의무는 둘째인 저희 부부에게도 똑같이 나누자고 하면서, 늘 제게 큰며느리 위세를 떨어요. 모든 집안 사람에게 '우리 큰며느리가 최고다, 고생했다'라는 소리를 들으려 한다니까요. 애들 챙기느라 시댁 행사에 조금만 늦어도 '동서, 나는 직장 안 다니고 애들 안 키워? 핑계는 대자면 끝이 없는 거야. 마음이 없는 거지' 지적하고, 늘 가르치려 들고…… 웃으며 넘기면 좋겠지만, 저는 다혈질이라 표정 관리가 안 돼요. 욱해서 한마디 뱉고 나면, 저만 못 배우고 무례한 사람 취급을 받아요. 제가 잘못했을 때도 사과하기 싫어요. 시부모님은 싫지 않은데, 형님하고 자꾸 갈등이 생기다 보니 시댁에 가는 것 자체가 싫어졌어요."   – 34세. 여

"남편과 일주일에 두세 번은 싸워요. 정말이지 우린 왜 이렇게 싸울까……. 5학년 딸에게 물어봤어요. '엄마랑 아빠가 싸우는 이유가 뭔 것 같아?' 딸이 말하길, '아빠가 엄마한테 뭔가를 지적하면 엄마가 불같이 화를 내니까 싸우지. 아빠가 지적하고 잔소리하는 건 잘못이지만, 엄마가 같은 실수를 반복하는 건 사실이잖아? 매일 뭐든 아무 데나 뒀다가 잃어버리잖아'라더군요. 딸아이의 지적이 맞긴 해요. 하지만 제 입장에선 늘 비난당하는 것 같아서 기분이 상해요. 제가 잘못한 행동도 고치기 싫어지죠. 너무 자존심이 상해요. 사실 돌이켜보면, 저는 누가 제 단점을 지적하는 걸 못 견디는 것 같아요. 제가 자존감이 있는 사람이면 대수롭잖게 넘길 일도 제가 부족한 걸 스스로 아니까 자격지심이 발동해서, 지적당하는 게 두려워서 그러는 것 같아요. 저의 부족함을 들키기 싫어서요."   – 41세, 여

누군가가 나를 비난할 때, 우리는 마음에 상처를 입습니다. 남의 평가에 민감한 사람일수록 비난당하는 것을 두려워하죠.

우선 상황을 세 가지로 나눌 수 있습니다. 내가 없는 장소에서 나를 비난하는 경우, 사람들 앞에서 나를 비난하는 경우, 나와 단둘이 있을 때 나를 비난하는 경우입니다. 세 가지 상황 모두 심장이 뛰기 시작하고, 표정 관리가 어려워지지요. 화가 나니

다. 나도 그를 비난하고 싶어집니다. 지금 상한 내 감정을 거울처럼 반사해주고 싶죠.

　나르시시즘이 강한 사람이라면 불쾌지수가 더 높아집니다. '당신이 뭔데 나를 비난해? 그럴 자격이 당신에게 있어?' 이런 생각이 속에서 부글부글 끓어오르며 표정과 입으로 분출되려 합니다. 그때, 분노를 참지 못하고 내 감정을 고스란히 들켜버리면 심리전에서 지는 겁니다. 상대와는 싸움이 시작될 것이고, 지켜보는 사람들에게는 나를 비난한 사람보다 내가 성숙한 인품을 지닌 '한 수 위'라는 걸 보여줄 좋은 기회를 놓치는 거죠. 뺨 한 대 맞고 욱해서 두 대 때리려고 달려들다가 웃음거리가 될 수도 있어요.

　이럴 때 합리적인 사고를 하려면 평소에 연습을 해야 합니다. 연습을 통해 합리적 사고 습관을 들여놓으면 내 기억과 감정의 영역에 저장돼 있다가, 비난받은 순간 혈압이 올라가거나 자기비하로 전환되려 할 때 떠오를 겁니다.
　과정은 다음과 같아요.

1. 누구나 상대를 비난할 수 있다. 그걸 인정하자. 당신도 나를 비난할 자유는 있다. 하지만 당신 판단이 옳은지는 내가 평가해보겠다.
2. 모든 사람이 당신과 같은 생각으로 나를 비난하는 건 아니다. 나를 향한 당신의 비난이 합당한지 아닌지 지금부터 살펴보겠다.
3. 내가 몰랐던 나의 단점을 찾게 될 좋은 기회일 수도 있으니까, 최대한 감정을 가라앉히고 생각해보는 시간을 갖겠다.
4. 당신의 비난이 오로지 비난에만 목적이 있다면, 나는 당신을 무시하겠다. 당신, 사람 보는 눈 정말 없구나! 나는 내 감정을 소모하며 당신을 상대하지 않겠다.

나의 단점을 가장 모르는 사람이 '나 자신'입니다. 더불어 나의 장점도 잘 모르지요. 나의 단점을 너무 모르면, 내 말과 생각이 다 옳다는 착각에 빠져서 상대의 생각이 틀렸음을 증명하는 데 힘을 뺍니다. 자기 성장에 하나도 도움이 안 되는 심리적 소모전에 돌입하는 거죠. 인간은 모두 다중적인 성향을 가지고 있어요. 내가 모르는 나의 단점이 있죠. 모두가 아는데 나만 모르는 단점 말이에요.

누구에게나 남들에게 좋은 사람, 착한 사람이라는 평을 듣고 싶어 하는 욕구가 있어요. 누군가가 나의 장점이나 단점을 말해 주는 것이 나를 '멋진 나'로 키울 수 있는 절호의 찬스가 될 수 있습니다. 장점을 들었을 때는 "땡큐!"를 외치며 장점을 키우고, 단점을 들었을 때는 쿨하게 접수하세요. 그리고 살펴보는 거예요. 나를 점검하는 기회로 삼는 거죠. 진짜 단점이 맞는 것 같을 때는 또 한 번 쿨하게 고치려고 노력하는 거예요. 몰랐을 땐 거듭하던 실수를 알고 나면 조심하게 되니까요.

누군가가 나를 비난할 때, '네가 뭔데!' 또는 '내 말과 생각이 다 옳아' 하고 방어기제가 작동합니다. 이런 방어기제를 다루기 힘들 때는 다음 세 가지 방법이 도움이 될 거예요.

첫째, 지혜롭고 현명한 멘토에게 조언을 구합니다.
"제가 이런 지적을 당했는데, 지금 감정 조절이 힘들어요. 제게 그런 단점이 있나요? 제가 모르는 단점이 맞다면 고치고 싶고, 그 사람의 지적이 잘못된 거라면 툭툭 털고 잊고 싶어요."
솔직한 생각을 말하고 도움을 요청하면 객관적인 판단을 하는 데 도움이 됩니다. 상대에게 거울반사를 통한 복수를 하고 싶어서 비난당한 상황을 곱씹는 고통과 시간 낭비에서 벗어날 수 있고, 괜한 자기비하로 추락할 위험도 줄이고요. 멘토가 '너에게 실수가 있는 것 같고 그런 단점은 고치면 좋겠다'고 말해준다면, 그때는 자신을 변호하는 일을 멈추세요. 그리고 자신의 단점을 직면하고 객관화해서 바라보는 용기를 내야 합니다.

둘째, 쿨하게 받아들이고 성장의 계기로 삼습니다.
"당신의 표현 방식이 저에 대한 비난처럼 들려서 기분이 상했었어요. 하지만 생각해보니 내가 몰랐던 단점을 잘 발견해주셨어요. 당신이 아니었다면 아마 저는 그 단점을 극복하지 못한 채 덜 멋진 나로 평생 살았겠죠. 나를 성장시킬 기회를 줘서 고마워요! 저를 얼마나 관심 있게 관찰하셨으면, 제가 발견하지 못한 단점까지 살펴봐주시고……. 그것도 상대에 대한 애정이라는 걸 알아요! 제가 성장할 기회를 주셔서 고마워요!"
제가 이렇게 반응했을 때 또다시 저를 비난하거나 지적하는 사람은 한 번도 만나본 적이 없답니다. 속으로 생각했을 거예요. '요것 봐라! 보통내기가 아닐세. 이젠 지적하지 말아야겠다. 아프라고 찔렀다가 한 방 먹었네.'
상대는 나를 상처 내기 위해서 비난한 것인데, 이렇게 너그럽게 수용하고, 덕분에 성장했다고 감사 인사까지 한다면 제대로

'빅 엿'을 먹이는 것 아니겠어요? '나보다 한 수 위구나' 하고 깨닫게 될 거예요. 그러면 다음부터는 함부로 지적하고 비난하지 못할 거예요. 적어도 눈치는 살피겠죠. 만만한 사람이 아니란 걸 깨닫게 됐을 테니까요. 이 일을 계기로 나는 또 성장했으니, 비난당하는 것도 가끔은 쓸모가 있습니다. 너무 열받을 필요 없어요.

셋째, 비난당한 상황을 자기비난으로 끌고 가면 안 됩니다.

거울반사도 피해야겠지만, 비난당한 상황을 자기비난으로 연결하는 것이 더 피해야 할 상황이에요. 자신의 잘못을 용서할 줄 아는 사람이 남의 잘못에도 너그러워요. 실수했을 때 '아, 실수했네. 다음엔 또 그러지 말아야지' 하고 자신을 용서하되 성장의 계기로 삼는 사람은 타인의 실수에도 너그럽게 반응할 수 있어요.

"실수할 수 있어. 괜찮아. 다음에 조심하면 되지. 어떻게 늘 완벽할 수 있어? 앞으론 잘할 수 있을 거야"라고 '살리는 말'을 해줄 수 있죠.

하지만 실수를 저지른 다음 지나치게 자기비난을 하는 사람들이 있어요. '또 실수했어! 나는 왜 늘 이 모양일까. 내가 하는 일이 다 그렇지 뭐!' 자존감이 낮은 사람이라기보다, 자괴감에 시달리는 사람이죠. 이런 사람들의 공통점은 남의 실수에도 비난하고 처벌을 고집한다는 거예요. "네가 하는 일이 다 그렇지! 너 왜 항상 그 모양이야?" 실수해서 괴로운 상대의 마음에 '죽이는 말'로 또 한 번 상처를 입히는 거죠.

타인에게 죽이는 말을 쏟아내는 사람은, 자기 자신에게 죽이는 말을 수시로 하면서 사는 사람들이에요. 나를 미워하는 사람들은 타인을 볼 때도 미운 구석이 먼저 보이기 마련이니까요. 그래서 내 마음 돌보기, 나 자신을 좋아하는 연습이 필요하답니다.

누군가에게 비난을 당하고 속상했던 기억이 있나요?

그 경험을 의미 있게 저장해봅시다.

❶ 언제, 누구에게, 어떤 말을 들었나요?

....

....

....

....

❷ 내가 몰랐던 나의 단점을 찾을 수 있었다면 적어보세요.

....

....

....

....

❸ 그 비난이 오로지 비난에만 목적이 있었다고 여겨지나요? 그렇다면 내 감정을 소모하지 말고 잊읍시다. 나에게 잘 참았다고, 이제 깨끗하게 잊자고 응원의 메시지를 써주세요. 그때 한마디 해주고 싶었는데 못 한 말이 있다면 지금 여기에 '속 시원하게' 써보세요.

이 일을 계기로 나는 또 성장했으니,
이제 과거의 해프닝으로 흘려보내요. 파이팅!

험담에는
유쾌한
복수가 최고

"앞에서 비난하는 사람이 차라리 나아요. 대학 때 연극 동아리를 같이 했던 친구가 늘 뒤에서 저를 험담하고 다녔어요. '선배들에게 늘 꼬리 치고 아부한다'라는 게 험담의 내용이었어요. '내가 잘못한 게 있나?' 수없이 고민하고 선배들에게도 물어봤지만, '늘 주연을 맡는 너에 대한 시기, 질투니까 네가 참아라. 본인이 연기를 더 잘한다고 생각하는데 늘 단역만 맡으니까 속상해서 그러는 거야' 정도가 들은 조언의 전부예요.

저도 무시하려고 애썼어요. 같은 동아리 내에서 싸우고 관계가 어색해지는 게 두려워서 알면서도 참았죠. 그런데 얼마 전 거래처에 출장을 갔는데, 우리 회사 담당 대리가 그 친구인 거예요. 세월도 10년이나 지났고, 이제는 잘 지낼 수 있겠지 생각

했는데……. 여전히 그 친구는 제 험담을 하고 다닙니다. 거래
처 사람들이 저를 다 이상한 눈으로 보는 것 같고……. 너무 괴
로워요.”
– 35세, 여

● 　　상대의 이미지를 손상시키고, 상대에게 상처를 주는
게 목적인 말이 있습니다. 그가 원하는 건 상처 입고 아파하는
나를 보며 즐기는 거예요. 그를 만족시킬 필요가 있을까요? 그
의 말에 상처 입는 건 그를 기쁘게 하는 일일 뿐, 나 자신에 대
한 예의가 아닙니다. 내가 나의 감정을 주관하는 주체가 되지 못
하고 타인의 말 한마디에 수시로 감정의 격동을 겪는다면, 내 삶
을 주체적으로 사는 걸까요? 내가 나를 귀하게 여기지 않는데,
타인이 나를 귀하게 여길 수 있을까요?

　상담을 하다 보면 자신보다 인성이 부족한 사람의 말에 상처
받고 힘들어하는 사람들을 많이 만납니다. 우리는 이런 사람들
을 흔히 ‘착해서 그렇다’라고 생각하죠. 그러나 ‘착함’과 ‘나약함’
을 혼동해선 안 돼요. 내 감정의 주체가 되는 지혜를 발휘해야
합니다. 누군가가 나를 비방하더라도 상처받고 괴로움에 빠질
것인지, 지혜로운 대응 방법을 찾을 것인지를 선택해야 해요. 주
체로서 나 자신이 말이죠. 나를 비방하는 사람을 가장 힘 빠지

게 하는 일은 그의 요구에 부응하지 않는 '평화로운' 내 모습을 보여주는 것 아닐까요? 때로는 무대응이 가장 유쾌한 복수가 된답니다.

그리고 타인을 비방하기를 즐기는 사람은 일단 멀리해야 합니다. 대부분 영혼이 병든 사람들이거든요. 그들은 자신을 정의로운 사람, 뒤끝 없는 사람으로 포장하는 데 능해요. 하지만 그들의 심리를 가만히 들여다보면 타인을 비방하거나 소문을 퍼뜨리면서 잠시 주목받는 것 외에는 딱히 주목받을 일도, 자신만의 콘텐츠도 없는 사람일 확률이 높습니다.

타인의 주목을 받고 싶다는 욕망은 강한데, 현재 내 삶이 욕망에 부응하지 못할 때는 조용히 자기 발전에 힘써야 합니다. 그런데 '지금 나보다 잘되고 있는 사람'을 시기하는 마음이 발동하여 그를 비방하고 끌어내리면서 일시적인 자기위안을 얻는 사람들이 많아요. 그들 또한 남을 비방하는 데 자신의 감정과 시간을 소비하는 '안타까운' 사람들인 거죠.

이런 말을 들려줬더니 한 내담자가 묻더군요.

"사람들이 그가 하는 험담을 듣고 저를 이상하게 보는 건 아닐까요? 그 친구가 두려운 게 아니라, 사람들이 그 말을 믿을까 봐 두려워요."

험담하는 사람 말만 듣고 상대를 평가하는 사람이라면, 그도 똑같은 사람입니다. 관계 맺을 가치가 없는 '안타까운' 사람인 거죠. 두려워할 필요 없어요.

얼마 전, 직장인들을 대상으로 집단 상담을 하던 중에 '분노 표현 테스트'를 했어요. 참가자들에게 '자신에게 상처를 준 사람들'의 얼굴을 떠올려보라고 주문했죠. 참가자들은 곧바로 심장 박동 증가, 혈압 상승, 근육 경직 등 다양한 신체적 반응을 보였어요. 타인으로 인해 받은 상처, 그로 인한 분노를 해소하지 않은 채 내 몸에 저장해두면 심장 질환을 비롯한 육체적 질병으로 표출됩니다. 나의 감정과 건강을 타인의 혀에 맡길 것인지, 상처받지 않도록 보호할 것인지는 오로지 내 선택에 달려 있습니다.

내 감정의 주체가 되지 못하고 상처를 잘 받는 사람은 가까이 있는 사람들마저 지치게 해요. 저 역시 수시로 타인에게 상처받고, 주변 사람들을 붙들고 하소연하는 사람이었죠. 어느 날 돌아보니, 내 말을 들어주느라 감정을 소비해야 하는 지인들에게 폐를 끼치고 있다는 생각이 들었어요.

'상처받고 울고 있는 어린아이'가 여전히 내 가슴속에 살고 있다면, 건조한 목소리로 스스로에게 이렇게 물어보세요.

나에게 상처를 준 그 사람이 내 운명을 결정할 수 있는 주체인가?
내 운명의 결정권을 내가 가질 것인가, 그에게 줄 것인가?

저는 수시로 자신에게 이 질문을 던져요. 그러면 의외로 가볍게 상처에서 빠져나올 수 있답니다. 공자가 말했어요.

"자기 자신 책망하기를 두텁게 하고, 남에게 책임을 묻기를 엷게 한다면 원망이 멀어질 것이다."   － 「위령공」 14장

"사람이 멀리 내다보는 생각이 없으면 가까운 데서 근심이 있다."
　　　　　　　　　　　　　　　　　　　　　　　　　　 － 「위령공」 11장

소중한 내 인생을 잘 가꾸어가기 위해서는 멀리 내다보고, 좋은 사람들과 교류하며 함께 공부하고, 나 자신을 바로 세우는 데 집중해야 합니다. 내 인생에 집중하면 '남 말'을 할 시간도 없고, '남 말'에 상처받을 이유도 생기지 않습니다.

소문을
즐기는 자들의
비밀

"무엇이든 악의적인 소문을 만들어내요. 모두에게 똑같이 웃으면서 친절하게 대했는데, '남자에게만 꼬리치는 년'이라고 소문을 냈더라고요. 너무 힘들어서 다른 선배한테 휴직하고 싶을 때도 있다고 상담을 했는데, 그 말이 와전돼서 제가 이직을 준비한다고 소문이 났어요. 저를 좋게 보는 사람조차 모두 '처벌'을 받아요. 그 사람에 대해서도 험담하고 악의적인 소문을 만들어내거든요."

― 24세, 여

'귀 소문 말고 눈 소문 하라'라는 속담이 있어요. 실제로 보고 확인한 것이 아니면 말하지 말라는 뜻이죠. 대부분 사람은 타인에 대해 자주 오해하고, 거기서 비롯된 소문을 쉽게 믿어버립니다. 진위와 상관없이, 소문은 가장 강력한 대중의 미디어입니다. 소문은 놀라운 연쇄성과 확장성을 가지고 있어서 열 사람의 입만 거치면 진실이 10퍼센트 미만으로 줄어듭니다. 세 사람만 우겨대면 없는 호랑이도 만들어낸다잖아요.

억울한 소문에 시달려보지 않은 사람이 있을까요? 우선 침착하세요. 험담과 소문을 즐기는 사람들의 심리를 들여다보면 분노에서 벗어나는 데 큰 도움이 됩니다. 그들은 실력은 없지만 주인공이 되고 싶고, 권위를 가지고 싶고, 세력을 이루기를 즐기는 사람들이에요. 그 심리의 근원에는 '자기보다 능력 있는 사람'에 대한 열등감과 시기심이 자리 잡고 있습니다.

자신의 능력과 재능을 보고 주변에 사람들이 몰려들면 좋겠지만, 그것에 실패한 사람이 쉽게 하는 것이 '정보 세력'을 이루는 것입니다. 흔히 '소식통'이라 불리는 사람들이죠. 이들은 흥밋거리가 될 만한 소문을 수집하고 각색해서 사람들을 모읍니다. 질투 나는 대상에 대한 악의적인 소문을 퍼뜨려서 자기 입지를 세우는 것이 그들의 특기죠. 상대가 누가 됐든 칭찬에 인색하고, 무엇이든 은근히 헐뜯습니다.

이들에게 귀를 내어주고 '그런 사람이었구나!' 추임새를 넣어주는 사람들로는 두 가지 유형이 있습니다. 하나는 사실을 확인하고 정확한 판단을 하는 능력이 부족한 사람들입니다. 그리고 다른 하나는 인간관계를 편하게 유지하기 위해서 그의 말에 호응해버리는 유형입니다. 세력을 가진 자에게 "사실 확인은 했어요?"라는 말을 했을 때 배척당할 것을 두려워하는 거죠.

험담과 소문을 즐기는 사람들의 심리는 알고 보면 참 별것 없어요. 타인을 험담하고 악의적인 소문을 내는 것으로 시기심과 열등감 때문에 고통스러운 마음을 달래는 거예요. 상대적으로 내 가치가 올라간 것처럼 잠시 자기최면에 빠지는 것입니다.

소문을 만드는 자와 전하는 자의 말을 듣게 되거든 그들의 말속에 숨은 의도, 즉 행간을 읽으세요. 그래야 같은 수준의 사람이 되어 나락으로 함께 떨어지는 일을 막을 수 있습니다.

가능하면 듣지 마세요. 개인의 사생활에 관계된 것이라면 더더욱!
들어줘야 하는 상황이라면, 소문을 전하는 주체와
소문 속 주인공의 관계를 냉철하게 파악하고 들으세요.
동조하는 말이나 리액션은 하지 마세요.
함께 험담한 사람이 되고 맙니다.

소문을 내는 주체가 상습범이라면, 좋게 한번 각인시켜줄 필요가 있습니다. 저는 가끔 이 방법을 써요. '너 지금 얼마나 부끄러운 행동을 하고 있는지 알기나 하니? 너나 잘해!'라는 메시지를 이렇게 완화해서 표현하는 것입니다.

"어머, 그런 소문이 있어요? 직접 확인하신 거예요? (상대는 누군가에게 들은 거라고 얼버무릴 거예요.) 아, 그렇구나. 거기서 들으신 거구나. 그런데…… 사실인지 확인해보고 싶긴 하네요. 사실이 아니라면 소문낸 사람들이 당할 역풍이 크겠는데요? 저는 그게 더 걱정돼요."

매우 걱정스럽다는 표정까지 연출할 수 있다면 더 좋습니다. 소문을 전한 이는 이 말을 듣는 순간, 나를 잠시 '재수 없다'고 여길 수는 있겠지만, 적어도 나에 대한 소문을 낼 때는 조심하게 될 것입니다. 만만치 않은 사람이라는 걸 느꼈을 테니까요.

타인에 대한 공감력과 이해심이 있는 사람이라면 처음부터 나쁜 소문을 내지도 않겠지요. 그런데 소문 만들어내길 좋아하는 사람들은 누군가가 열심히 들어주고 수긍해줄 때, 양심의 가책도 느끼지 못하고 더 날뛰게 됩니다. 그런 사람과 함께 일해야 하는 상황이라면, 기를 좀 죽여놓는 것이 앞으로의 문제를 예방하는 데 도움이 됩니다.

만약 내가 억울한 소문의 주인공이 됐다면? 그럴 때는 우선 다음 세 가지를 기억하세요.

첫째, 침착해야 합니다.
흥분해서 사실을 무기로 저항해봤자 소문만 더 무성해지는 경우가 많기 때문입니다.

둘째, 세상은 늘 오해할 준비가 되어 있다는 것을 인정하세요.
'저토록 흥분하는 것은 소문이 사실이기 때문'이라고 오해할 여지를 제공하는 것입니다.

셋째, 전략을 세운 뒤 지혜로운 선배에게 조언을 구하세요.
물론 무대응이 가장 좋은 방법입니다. 하지만 소문의 악의성이 도를 넘어서 사실 입증을 해야 할 필요가 있다면, 전략을 잘 세운 뒤에 지혜로운 사람들을 찾아가 그 전략에 대한 조언을 구해야 합니다. 그다음에 대응하는 것이 나를 보호하는 방법이자, 오해 많은 세상과 소통하는 방법입니다.

소문을 만들어내고 여기저기 퍼뜨리고 다니는 사람들의 말에 상처받지 마세요. 가까이 할수록 삶이 피곤해지는 사람들과는 자연스럽게 인연이 끊어지는 게 좋습니다. 관계가 멀어질수록 오히려 고마운 일입니다.

박상미의
고민 상담실

험담하는 사람, 소문을 즐기는 사람 때문에 피곤했던 적이 있나요?

앞으로 그런 사람을 만나면 어떻게 대처할 건지 써봅시다.

마음 연습을 미리 하면 현실에서 이런 일을 당했을 때

지혜롭게 잘 대처할 수 있어요!

피하고 싶은 사람,
유형별 대처법

●   "왜 우리 회사에는 이상한 사람들이 많은 걸까요?"

많은 사람이 제게 이런 고민을 털어놓아요. 정말 신기한 사람들을 발견한 것처럼. 하지만 이 책을 읽고 나면 질문이 이렇게 바뀔 거예요.

"어딜 가든 나와 다른 사람이 많은 거겠죠?"

우리는 주변 사람들이 내 마음을 잘 알아주고, 나에게 잘 대해주길 원하죠. 나뿐만 아니라 누구나 그래요. 하지만 그건 불가능해요. 나도 모든 사람을 좋아하고 잘 대해주고 그의 마음을 다 이해해주면서 살진 않잖아요? 그러면서도 왜 남이 나한테 그렇게 해주기를 기대하는 걸까요?

대인관계에서의 만족도는 기대와 현실의 상관관계로 나타나요. 현실에 비해 기대가 클수록 만족도가 낮아지는 거죠.

모두와 잘 지내는 건 불가능해요, 당장 가족만 봐도 알 수 있죠. 3~4년 뜨겁게 연애하고 결혼해서 10년 넘게 산 부부도 서로의 마음을 모르고, 자기가 낳은 자식 마음을 부모가 모르잖아요.

타인과 '잘 지낸다는 것'은 어떻게 지내는 걸까요? 자신이 좋아하지 않는 사람과 적당히 잘 지내는 건 노력해본다 할지라도, 자기를 싫어하는 사람과 매일 얼굴 보며 일해야 한다면? 계속 얼굴 보며 살아야 한다면? 그건 어떡하나요?

적당한 거리를 유지하면 됩니다. 인생을 살면서 마음을 털어놓을 만큼 가까운 친구는 평생 다섯 명 사귀기도 어려워요. 다섯 명을 가진 사람이라면 인생을 정말 잘 살았고, 앞으로도 잘 살 가능성이 높은 거래요. 저도 아직 다섯 명은 못 채웠어요.

피하고 싶은 사람과 매일 얼굴 보고 일해야 한다면, 유형별로 이렇게 대처하세요.

첫째, 질투와 시기심이 강한 사람
내 입으로 내 자랑을 하지 않는 게 중요해요. 자극할 필요가 없어요. 더불어 적절한 시점에 상대가 가진 진짜 장점 하나를 찾아내서 먼저 칭찬해주면, 시기심으로 인한 해코지를 면할 수 있어요. 질투와 시기심이 강한 건 능력은 없고 칭찬은 받고 싶은데 그럴 일이 없고, 남은 에너지를 시기하고 질투하고 험담하는데 쓰기 때문이거든요. 그런 사람에겐 칭찬 한번 해주세요. 돈 드는 일도 아니잖아요.

둘째, 불평불만이 많은 사람

가까이 두면 무척 피곤한 사람이죠. 부정적 에너지는 전염되기 마련입니다. 가능한 한 가까이하지 말고, 맞장구치지 말고, 충고도 하지 마세요. 반응을 안 보이면 눈치 보다가 조심하게 되어 있어요.

셋째, 상사에게 아첨하는 사람

나에게 직접적인 해를 끼치는 것이 아니므로 그냥 두는 게 좋습니다. 상사도 바보가 아닌 이상 아첨꾼이라는 거 다 알아요. 일일이 스트레스 받으면 나만 손해입니다.

넷째, 자기 얘기만 하는 사람

공감 능력 없고, 눈치 없는 유형입니다. 이런 사람이 상사면 진짜 피곤하죠. 누구에게나 존중받는 사람은 남의 말을 귀 기울여 듣는 사람이지 혼자 떠드는 사람이 아니에요. 본인도 남들이 자기를 인정하지 않는다는 걸 잘 알아요. 그래서 인정받고 주목받으려고 발악하는 거예요.

이런 유형은 무시하고 외면한다 해서 증상이 나아지진 않습니다. 열심히 들어주진 말고, 재미없는 표정으로 눈만 응시하고 들으면 됩니다. 어쩌다 그가 남의 말을 잘 듣고 있는 순간이 포착되거든, 화끈하게 칭찬해주세요. "이렇게 경청해주는 사람과 대화하면 자꾸 대화하고 싶어지는데 자기 말만 하는 사람을 만나면 정말 피곤하더라고요. 그런 경험 없으세요?" 그 피곤한 사람이 자기라는 건 아마도 모를 겁니다. 하지만 또 칭찬받으려고, 적어도 내가 있는 자리에서는 남 얘기도 좀 들으려고 노력은 할 거예요.

다섯째, 예의 없고 고집스러운 사람

최대한 거리를 두고 업무적인 얘기만 하면 됩니다. 단, 말도 행동도 더 예의 있게 대하는 것이 포인트예요. 고집을 부려도 꺾으려 하지 말고, '원래 저런 사람'이라고 마음속으로 매일 되새기세요. 그러면 열받거나 마음 상할 일이 없어요. 특히 예의 없는 사람과는 충돌하지 않는 것이 가장 현명한 처사입니다. 내가 그 사람을 바꿀 수 있다는 생각은 착각에 불과하니 당장 버리는 게 좋아요. 바꿔보려고 아무리 노력해도, 아무리 잘 대해줘도 바꿔지 않아요. 괜히 조언하거나 충고를 건네는 건, 얻는 것 없이 관계만 망치는 지름길입니다.

감성과 이성이
조율되는 시간,
6초

참거나 인정하거나 대응하지 않기로 하더라도, 살다 보면 싸움을 완전히 피할 수는 없습니다. 말로만 주고받는다 해서 상처가 없는 건 아니고요. 아니, 오히려 말로 생긴 상처가 더 크고 오래갈 수도 있습니다. 일단 싸움이 시작됐다면 욱하고 치밀어 오르는 감정을 조율하는 시간이 필요합니다. 그래야 상대의 말을 들을 수 있고, 침착하게 이성적인 대화를 이어나갈 수 있어요. 화해는 그다음 문제입니다.

횟김에 뱉은 한마디 때문에 오랜 시간 쌓은 인연이 물거품이 되는 경험을 해본 사람은 알 것입니다. 3초 만에 뱉은 말 한마디로 30년 인연이 끊어질 수도 있다는 것을요. 화를 참는 데 필요한 시간 '6초'면 이런 비극을 막을 수 있습니다. 왜 그런지 알아볼까요?

사소한 일로 싸움이 벌어지면, 말로 서로를 자극하기 시작합니다. 우리의 대뇌는 자극을 받으면, 이를 먼저 편도체에 전달합니다. 편도체는 '본능적 뇌'로 본능이나 정서, 행동을 지배하는 곳이죠.

연인과 갈등 상황에 놓였고, 상대가 나를 자극하는 말을 했다고 해봅시다. 이때 감정이 상하고, 혈압이 오르고, 표정이 경직되는 데는 3초밖에 걸리지 않습니다. 대뇌가 언어에 자극을 받고 편도체에 전달하는 시간이 3초거든요. 그 3초 만에 '욕'으로 감정을 뱉어버리거나, 주먹을 올리거나, 따귀를 날릴 수도 있을 것입니다. 하지만 그것은 본능적인, 즉 동물적인 반응이므로 시간이 지나면 후회하기 마련입니다.

자극은 본능적 뇌인 편도체에서 '이성적 뇌'인 대뇌피질로 전해지는데, 대뇌피질은 생각과 언어를 지배합니다. 이때 걸리는 시간도 3초예요. 즉 누군가가 나를 말로 자극하더라도 본능적 뇌의 지배를 따르지 않고, 그 자극이 대뇌피질까지 전달되는 시간인 6초만 참고 견디면 이성적으로 생각할 수 있다는 뜻입니다.

감정과 이성이 조율되는 시간 6초. 그 시간을 견디면 '세 치 혀가 사람 잡는' 사고를 막을 수 있습니다. 하지만 이 시간을 참지 못하고 본능적 뇌의 지시를 따르면 돌이킬 수 없는 이별의 강을 건너게 되죠. 그런 사례를 주변에서 참 많이 봤습니다. 감정이 격해져서 싸울 때 6초는 매우 긴 시간입니다. 격렬하게 싸우다가 6초 동안 멈추고 상대의 얘기를 들어주기란, 평소의 6분보다 길게 느껴질지도 모릅니다. 그런데 편도체가 자극받았을 때 본능적인 감정에 지배당해 버리면, 우리 몸은 공격적인 활동 상태가 됩니다. 혈압, 맥박, 호흡이 빨라지고, 혈관이 수축돼서 혈액순환도 저하되죠. 이때 입을 열면 '관계를 죽이는 말'들이 쏟아져 나옵니다.

6초 동안 참는 연습을 해볼까요? 우선 눈을 감고, 어깨를 쭉 폅니다. 3초 동안 숨을 깊게 들이마십니다. 그리고 3초 동안 숨을 내쉬는데, 입을 살짝 벌리고 아랫배가 등허리에 붙을 때까지 다 내뱉는다는 기분으로 길게 내뱉습니다. 마시는 숨인 흡기는 코로 3초, 내쉬는 숨인 호기는 입으로 3초입니다.

이렇게 단순한 호흡법이 자율신경을 균형 있게 조율해주는 신비한 힘을 발휘합니다. 좀 더 감정을 참을 수 있다면, 이 호흡을 다섯 번 반복해보세요. 심장과 허파가 조율되면서 놀라울 만큼 마음이 안정되는 것을 느낄 수 있을 것입니다.

어떤 상황에서든 '관계를 살리는 시간 6초'를 기억하세요. 흥분해서 말싸움을 할 때 내가 먼저 말을 멈추고, 눈을 감고 숨을 깊게 들이마셨다 내뱉는 모습을 보여준다면 상대방 또한 6초의 휴식기를 가지게 됩니다. 서로의 뇌가 감성과 이성을 조율할 수 있는 시간을 주는 것입니다. 6초! 짧지만 길고 놀라운 효과를 발휘하는 시간입니다.

관계를 살리는
'거절의 기술'

● 　어린 시절, 우리 집 모든 재산은 어머니 명의였어요. 작은 아파트 하나와 반찬값을 아껴서 붓는 적금 통장이 다였지만, 재산세 고지서와 예금 통장에는 어머니 이름이 박혀 있었죠. 아버지가 아내를 사랑하고 존중해서 아내 명의로 해준 것이었느냐, 그건 아니었습니다.

아버지는 '거절'을 못 하는 성격이었어요. 몸으로 도와야 하는 일은 물론이요, 돈과 관련된 일도 마찬가지였습니다. 어머니의 증언에 따르면 '마누라 몰래 보증 서기'가 아버지의 특기였다고 합니다.

당시는 신원보증보험 같은 게 없던 시절이라 신원보증을 서달라고 찾아오는 사람이 많았습니다. 종가의 종손인 아버지에게 촌수를 따지기 힘든 친척들까지 서류를 들고 찾아오곤 했어요. 그러다 보니 거절하기 곤란해서 선 보증 때문에 단칸방에서 시작해 처음 산 아파트를 잃는 사고가 터졌습니다. 그 후 모든 재산이 어머니 명의가 됐어요. 아버지 스스로 '거절 못 하는 병'으로부터 가족을 지키고자 내린 결단이었습니다.

아버지의 성격을 그대로 물려받은 자식이 하나 있었으니, 바로 접니다. 아버지는 '거절의 기술'을 제게 가르치려 애쓰셨습니다.

"부탁에는 두 가지가 있다. 몸으로 할 일과 돈으로 할 일. 남의 부탁을 들어주느라 내 몸이 힘들어지면, 정작 나를 위해서 투자할 시간과 에너지를 잃게 된다. 남을 위해서 나에게 피해 주는 일은 하지 마라. 그러면 인간관계가 부담스러워진다."

"돈 부탁을 받으면 내가 가진 현금 안에서, 당장 없어도 불편하지 않을 만큼의 돈을 주고 아까워하지도 돌려받을 생각도 하지 마라. 단, 거절당한 사람이 수치심을 느끼지 않도록 말과 표정에 진심을 담아라. 당장은 원망할 수 있겠지만, 시간이 지나면 고마워하게 된다."

"원하는 만큼을 얻지 못해서 끝까지 원망하는 사람은, 인연이 거기까지인 사람이다. 나는 거절 못 하는 성격 때문에 나는 물론이요, 가족에게까지 피해를 주며 살았다. 내가 거절하면 관계가 깨질까 봐 두려워서 그랬다. 그런데 돌이켜보면, 좋은 관계를 유지하고 싶은 사람은 상대에게 피해를 줄 수 있는 과한 부탁을 하지 않는다. 그런 사람을 경계해라."

"남의 부탁을 거절하는 그 순간은 힘들다. 하지만 '잘 거절하는 연습'을 해야 앞으로 너와 네 가족을 지킬 수 있다."

아버지께 귀에 못이 박히도록 들은 말이지만, 실전에서는 매번 무너지고 말았습니다. 남의 부탁을 들어주느라 몸은 늘 힘들었고, 내 시간이 부족했습니다. 돈을 빌려달라는 친구에겐 적금을 깨서라도 빌려줬고, 내게 돈이 없을 땐 다른 이에게 빌려와서 건네주기도 했습니다. 돌려받지 못한 채 관계만 깨진 경우도 수차례였습니다. 아버지의 말씀은 하나도 틀린 게 없음을 나는 아버지가 경고한 상황을 직접 겪고 나서야 깨닫기를 반복했습니다.

『논어』「공야장」 편에 미생고 이야기가 나옵니다. 미생고는 곧고 솔직하기로 소문난 사람이었습니다. 어느 날 이웃이 미생고에게 식초를 빌려달라고 요청했는데, 미생고에겐 식초가 없었어요.

그는 옆집에 가서 식초를 빌려다가 이웃에게 줬습니다. 이를 들은 공자가 말했습니다.

"누가 미생고를 곧다고 하는가?"

공자는 미생고의 행위가 정직하지 않다고 평한 것입니다. 이에 대해 먼저 정약용은 이렇게 봤습니다.

"미생고는 이웃에 가서 식초를 빌릴 때 자신이 쓸 것처럼 했을 것이고, 이것은 정직하지 못한 것이다."

사마광의 제자로 송대 유학자인 범조우는 이렇게 말했어요.

"있으면 있다 하고, 없으면 없다고 하는 것이 곧음이다."

돌이켜보면, 거절하지 못하고 상대의 요구를 무조건 수락하려고 애썼던 건 "넌 역시 착해. 좋은 사람이야"라는 말을 듣고 싶다는 욕망 때문이었습니다. 남에게 좋은 사람이기 위해서 나에게 얼마나 나쁜 사람이었는지 모릅니다. 들어주면 내가 힘들어질 부탁, 시간이든 돈이든 내게 여유가 없는데도 거절하기 힘들어서 수락한 부탁은 '선행'이 아니라 나의 진심을 속인 '위선'이었습니다.

자신에게 솔직할 필요가 있습니다. 힘들고 여유가 없는데도 도움을 줬는데, 그에 합당한 인사를 받지 못했다고 상대를 원망한 적은 없나요? '진심'으로 기쁘게 수락할 수 있는 경우가 아니라면, '진심'을 담아서 지혜롭게 거절하는 것이, 상대와 나의 관계를 살리는 길입니다.

나를 지키는
'거절의 용기'

　　•　　특히 가까운 사이일수록 거절하는 용기가 필요합니다. '거절의 기술'이고 나발이고, 아무리 배우고 다짐해봤자 소용없는 관계가 있습니다. 바로 가족입니다. 기혼자들은 부모 부양 문제를 둘러싼 갈등, 형제가 돈을 빌려달라고 요청하거나 보증을 서달라고 할 때 어떻게 해야 하는지 고민이 많습니다. 그리고 청년들은 집안 형편을 생각하면 돈을 벌어야 하지만 '내가 하고 싶은 일'을 하고 싶어서 괴롭다는 사람이 많습니다. 가족 간에는 말로 요구받지 않아도 내 도움이 필요한 가족의 마음을 읽어버려서, 스스로 괴로운 경우가 많지요.

　　살다 보면 나의 행복을 포기하고 가족을 위해서 희생을 선택해야 하는 순간이 있습니다. 하지만 이 경우에도 가족의 '요구'

또는 나 스스로 선택한 '희생'이라는 결정을 잘 '거절'해야 하는 경우도 있습니다.

　대학에서 강의를 하다 보면 이런 고민을 하는 학생들을 많이 만납니다. 영상 제작과 연출에 탁월한 재능을 보이는 여학생이 있었습니다. 장학금을 타기 위해 학점 관리를 열심히 하는 학생이었죠. 그런데 그 아이가 위궤양으로 쓰러졌습니다. 알고 보니 주말에 호프집에서 여덟 시간씩 일을 해야 하루 두 끼를 겨우 먹을 수 있는 형편에, 고시원에서 생활하고 있었어요.
　아이는 대학에 다닌다는 사실만으로 가족에게 죄책감에 시달리고 있었어요. 어느 봄날, 연구실에 불쑥 찾아와서는 싱글맘으로 살아온 가난한 엄마와 여동생을 위해서 대학을 그만두고 취업을 하겠다더군요. 가수 인순이 씨와 인터뷰가 예정돼 있는 날이었습니다. 혼혈이라는 조건 빼고 아이의 성장 배경은 인순이 씨와 비슷한 점이 많았어요.
　"인순이 씨 인터뷰 가는데, 나 좀 도와줄래? 너처럼 사진 잘 찍는 아르바이트생이 필요해."
　동행을 청해 인터뷰 장소에 갔습니다. 옆에 앉아서 인순이 씨가 성장해온 이야기를 듣는 것만으로도 아이가 스스로 답을 찾을 수 있을 것 같아서였죠. 비슷한 환경을 잘 건너온 어른의 한

마디가 지금 수렁에 빠진 그 아이에게 튼튼한 사다리가 돼줄 수도 있으니까요.

인순이 씨는 중학생 때부터 가장 노릇을 하느라 고등학교 입학을 포기하고 돈을 벌어야 했던 이야기를 들려주었습니다. 한참 듣고 있던 아이가 결국 울음을 터뜨리고 말았어요. 왜 우느냐고 묻는 인순이 씨에게 자신의 이야기를 털어놓기 시작했어요.

"제 꿈을 이루려면 계속 공부해야 하고 유학도 가고 싶은데, 엄마와 동생을 생각하면 당장 돈을 벌어야 해서 너무 괴로워요."

"애야, 지금 엄마는 엄마가 선택한 자기 인생을 살고 있는 거야. 미안해할 일이 아니야. 네가 너무 착한 거야. 나는 너를 충분히 이해하겠어. 근데 좀 이기적으로 생각할 필요가 있어. 네가 성공해서 나중에 엄마한테 잘해야지, 지금 엄마 생각하느라 학업을 포기하면 잃는 게 너무 많아. 그럼 나중에 엄마를 어떻게 먹여 살릴 거야? 엄마랑 동생이 지금 늪에 빠져 있다고 생각해서 네가 그 늪에 들어가면 셋 다 죽어. 네가 얼른 튼튼한 끈을 구해서 엄마랑 동생을 구해줘야지. 네가 지금 동생 키우겠다고 학교를 그만두는 것은 바보짓이야. 나도 나랑 열세 살 차이가 나는 동생이 있어. 나, 걔 키우느라 고등학교에 못 갔어. 동생 키우고 시집까지 다 보냈어. 후회하지는 않아. 하지만 모든 것을 챙겨주는 나 때문에 동생이 자립심을 가지지 못할 수도 있다는 사실을 뒤늦게 알았어. 동생은 지금도 내게 의존해. 내 잘못된 판단이 동생의 자립심을 길러주지 못한 거야. 그럼 가족 간의 관계도 힘들어질 수 있어. 그건 내 잘못이야. 지금은 너 자신의 발전을 위해서 눈을 질끈 감을 필요가 있어."

저는 돌아서서 숨죽여 짐을 챙기며 아이가 그녀의 품에 안겨 울 수 있는 자리를 내줬습니다. 같은 아픔을 겪어본 사람이 주는 위로는 에너지가 다르지요. 아이는 그 뒤로도 열심히 학교에 다니게 되었습니다.

환경이 만들어준 죄책감 때문에 가족을 위해서 자신의 불행을 선택할 뻔했던 아이는 자기 내면의 요구를 용기 내 거절할 수 있게 됐어요. 형편이 나아진 건 아니지만, 아이의 어머니도 동생도 누구도 불행해지지 않았습니다.

나의 품격을
드러내는
'거절하는 자세'

● '거절하는 자세'에서 인품이 드러납니다. 시간이든 돈이든 내게 여유가 없는데도 거절하기 힘들어서, 관계가 깨질까 두려워서 수락하는 건 위선이라는 걸 저는 마흔 즈음에야 깨달았습니다.

돌이켜보면, 상대가 부담을 느낄 정도의 무리한 부탁을 흔히 하는 사람들은 자기중심적이고 자기 이익에만 밝은 사람들이었습니다. 나의 시간과 물질을 허비해가며 부탁을 들어줬는데도 관계가 깨졌고, 다음 부탁을 거절하면 '인간이 변했다'라며 원망하는 사람들이 대부분이었어요. 그런 사람들과는 관계가 '많이' 멀어져도 괜찮습니다.

기쁘게 수락할 수 있는 경우가 아니라면 지혜롭게 거절하는

것이 상대와 나의 관계를 살리는 길임을 내게 가르쳐준 두 어른
이 있습니다. 배우 김혜자 씨와 극단 '자유'를 40년 동안 대표로
서 이끈 이병복 선생님. 이분들을 통해서 저는 거절의 품격을 배
웠습니다.

　평생 한길을 걸으며 꿈을 이룬 어른들을 만나서 인터뷰를 하
고『나를 믿어주는 한 사람의 힘』이란 책을 쓰기까지, 인터뷰이
들에게 숱한 거절을 당했습니다. 그때 저는 거절하는 자세에서
한 사람의 인생과 인품을 읽을 수 있다는 것을 배웠어요. 수락
의 자세는 누구나 친절하기에 사람마다 큰 차이는 없습니다. 하
지만 거절하는 자세는 저마다 다릅니다.

　"안녕하세요? 좋은 아침입니다. 김혜자예요. 저는 이제 촬영
끝나고 집에 가는 중입니다. 정신은 맑지만 몸이 무겁네요…….
드라마 보시고 좋다고 하시니 감사합니다. 작가의 산뜻한 의도
를 잘 표현해 보려고 이리저리 상상해보며 연기하고 있어요. 제
가 이렇게 길게 말씀드리는 이유는……. 마음이 몹시 분주하고
여유가 없다는 얘기를 하느라고요. 말실수를 잘해서 본래 인터
뷰를 겁내는데……. 이해해주세요.♡"

　"잘 지내시지요? 제가요……. 좀 아픈 중이에요. 그러니까……

앓고 있어요. 이렇게밖에 답을 못 드려 미안합니다. 저는 좀 못됐나 봐요. 그냥 어느 날 써주신 기사를 보고 날 이렇게 써주시다니, 아 행복해, 아 재미있어⋯⋯. 이러고 싶은가 봐요. 웃기지만⋯⋯. 이해는 할 수 있겠다, 해주시면 감사하겠어요. 건강히 잘 지내세요.♡"

배우 김혜자 씨에게 인터뷰를 요청하려고 문자를 보낼 때마다 이런 답신을 받았습니다. 거절의 메시지를 이토록 정겹고 따뜻한 문장으로 보낼 수 있다는 것에 놀랐고, 거절을 당한 사람이 마음 상하지 않도록 자신을 더 낮추면서 상대를 배려해주고 존중해주는 마음이 느껴졌어요. 거절을 당하고도 진정으로 '존중받았다'는 생각이 들었습니다. 마음 깊숙한 곳에 남겨진, 그동안 거절로 인해 생겨났던 상처들이 치유되는 느낌이었어요. 그 후로 '대화의 기술'에 대해 강의할 때마다 '김혜자 체'를 예로 들곤 했습니다.

구십 평생을 연극판에서 '연극인들의 어머니'로 산 이병복 선생님은 사람을 다루는 연출 능력이 탁월한 분이셨어요. 평생 연극을 했지만, 배우들을 앞세우고 키워주느라 앞에 나서서 인터뷰 한 번 한 적 없는 어른이었기에 만나기까지 오랜 시간이 걸렸습니다.

"아이고, 송구합니다. 저는 뒷광대예요. 뒷광대는 그저 무대 뒤에 엎드려서 배우를 키우는 사람입니다. 관심 가져주시니 감사합니다, 그것으로 족해요."

설득 끝에 만나 뵈었을 때, 40년 동안 한 극단을 대표로 이끈 리더십의 비결로 '잘 거절하는 게 잘 거두는 것'이라는 말씀을 해주셨습니다.

"배우들에게 대표인 나를 무대 밖에선 개인적으로 찾아오지 못하게 했어. 일절 거절했어. 구설이 생겨. 과일 바구니 들고 와봐야 국물도 없어. 작품 얘기는 오로지 연습장에서만 하지. 누구를 편애한다 그런 소리가 나면 극단은 무너져. 선배한테 야단 맞은 어린놈들이 무대 뒤로 찾아와서 편을 들어달라고 하소연하면 '섭섭하게 생각지 마. 자네는 나중에 더 큰 배우가 될 테니, 나중엔 선배 짓을 해야 해' 안아주면서 거절하고, 야단치는 선배들이 편들어달라고 하소연하면 '그러지 마, 이름난 너희들이 좀 참아줘. 넓은 놈이 안아줘라' 타이르며 거절하고. 잘 거절하는 게 잘 거두는 거다. 그래야 집안이든 극단이든 어미가 되어 이끌 수 있다."

거절하는 자세에서 그 사람의 진짜 인품이 드러납니다. 인터
뷰를 하기까지 가장 많이 거절당했던 두 어른을 제가 더 존경하
게 된 이유입니다.

이제 나를 지키는 '거절의 용기'를 내봅시다.

거절하는 자세에서 품격이 드러나는 거 아시죠?

거절을 못해서 마음고생했던 적이 있다면 떠올려 봅시다.

그 순간으로 돌아가보세요.

....

....

....

....

....

....

....

그 사람에게 말해봅시다.

책에서 배운 지혜를 동원해서 품격 있는 거절을 해보세요.

과거를 사는 사람
vs
현재를 사는 사람

●   마음그릇이 작고 얇아 상처를 잘 받는 저는 늘 그 원인을 남 탓으로 돌리며 위안했습니다. 피해자인 나를 보고 자기 연민을 느끼며 '나는 왜 늘 피해를 보는 걸까?', '사람들은 왜 착하고 여린 나를 힘들게 하는 걸까?' 생각하곤 했죠. 하지만 내 감정을 객관화하여 바라보는 연습을 시작한 후부터, 저 자신에게 문제가 있다는 걸 깨닫기 시작했습니다.

내 삶이 불행하다고 느낄 때, 스스로 위안하는 가장 쉬운 방법이 '남 탓'입니다. 남 탓은 중독성이 강하기 때문에 멈추는 연습을 하지 않으면 가속도가 붙습니다. 인생에서 가장 위험한 중독일지도 모르겠습니다. 내가 인지하지 못하는 사이 '나의 불행은 모두 남의 탓'이라고 생각하는 병이 깊어지기 때문이지요.

현재의 불만족을 남 탓으로 돌리며 상대를 비난할 때, 일시적 위안을 얻을 수 있는 건 사실입니다. 하지만 그런 사고가 습관이 되면 지금 내 상황은 모두 나 때문이 아니라 '당신 때문'이 됩니다. 따라서 내 상황을 개선하기 위해 애쓸 필요가 없어지고, 의욕도 생기지 않습니다. 내 불행을 모두 '당신 탓'으로 돌리는 순간, 내 삶의 주도권은 내 불행을 창조한 '당신'에게 넘어가고 맙니다. 그때부터 남 탓 중독증의 가장 무서운 증상인 무기력에 빠지게 되는 것입니다.

그 사고 과정을 정리해보면 다음과 같습니다.

1. '당신' 때문에 나는 큰 상처를 받았다. '당신'은 많은 동료 앞에서 나에게 망신을 준 직장 상사일 수도 있고, 외도하다가 들킨 배우자일 수도 있고, 과장된 소문으로 나를 궁지에 빠트린 친구일 수도 있다.

2. 나는 분노한다. '당신'이 나에게 사과를 한다 하더라도 내 분노는 쉽게 가라앉지 않을 것이다. 애초에 '당신'이 내게 진심의 사과를 할 확률도 낮다. 오히려 내게 상처를 준 자신을 정당화하기 위해서 나에게 '네 탓'을 할 확률이 높다.

3. 그러므로 나는 더 분노한다. '눈에는 눈, 이에는 이!' 똑같은 고통 또는 더한 고통으로 그에게 고통을 느끼게 해주고 싶어서 '복수'를 꿈꾼다. 밥을 굶어가며, 잠을 설쳐가며, 복수의 시나리오를 쓴다. 누군가에게 나의 고통을 설명하고, 내 분노의 정당성을 확인받으려 애쓴다.
4. 분노가 가중될수록 복수의 시나리오가 성공하지 못했을 경우를 가정하게 된다.

그 경우에 내가 받을 상처를 생각하면…… 숨이 막힌다. 더는 상처받지 않기 위해 대인관계 기피증이라는 울타리 안에 스스로를 가두게 될지도 모른다.

타인에게 상처 주는 행동과 말을 많이 하는 사람들은 대부분 그 사실을 인지하지 못합니다. 그래서 현재를 잘 살아갑니다. 타인에게 상처 준 것을 뼈저리게 반성하고 괴로워하며 과거 속에 사는 사람은 없습니다. 과거에 사는 불쌍한 나와 현재를 사는 놈, 누가 이길까요?
당신이 늘 상처받는 진짜 이유는 바로 여기에 있습니다. 내게 상처를 준 '놈' 또는 '년'이 '현재'를 살 때, 나는 상처받은 '과거'에 살기 때문입니다. 자존감을 잃고 과거에 매몰된 내가 어떻게 현재를 사는 사람을 이길 수 있을까요?

저는 오래전에, 5년 동안 저축한 큰돈을 지인에게 빌려줬다가 고스란히 떼인 적이 있습니다. 석 달 만에 몸무게가 7킬로그램이나 줄었습니다. '분노하기 → 원망하기 → 자책하기'의 과정을 수없이 반복했죠. 수면제 없이는 한 시간도 잠들지 못했고, 생활은 피폐해졌습니다. 어느 날, 거울 앞에 선 내 모습을 보고 정신이 번쩍 들었어요. 마르고 어두운 표정의 낯선 여자가 서 있었죠. 행운이 찾아왔다가도 절대 머물고 싶지 않을 것 같은!

그날 굳게 마음먹었습니다. '현재를 살자. 과거에 매몰되어 사느라 현재를 잃는 건 미래도 잃는 것이다. 나에게 상처 준, 내 인생에 도움이 안 되는 그 사람 때문에 나의 현재와 미래까지 잃을 것인가? 그가 내 현재와 미래까지 조종하게 할 것인가? 사람을 못 알아본 내 잘못이 크다. 이 비싼 배움을 통해서 앞으로 나는 실수하기 이전보다 더 잘 살 수 있을 것이다.'

『논어』에서 읽은 구절도 큰 도움이 됐습니다.

"나면서 아는 자는 최고요, 배워서 아는 자는 다음이요, 겪고 나서야 그것을 배우는 자는 그다음이요, 겪고 나서도 배우려

하지 않으면 사람으로서 최하가 된다." — 「계씨」 7장

겪고 나서 배운 것을 잊지 말 것! 겪기 전에 배움을 통해 사람 보는 안목을 기를 것! 남 탓 중독증에서 벗어나 끊임없이 배우고 나를 발전시킬 때 타인을 대하는 표정과 말이 바뀝니다. 그러면 자연스레 나를 믿어주고 위해주는 좋은 사람들이 곁에 모입니다.

박상미의
고민 상담실

❶ '분노하기-원망하기-자책하기'의 과정을 겪어본 아픈 경험이 있나요? 언제였나요?

_____

_____

_____

_____

❷ 그때는 정말 힘들었지만, '지나간 것은 지나간 대로 그런 의미가 있죠~' 노랫말처럼, 지나간 고통 속에서 발견한 의미가 있을 거예요. 그 일을 통해서 '발견한 의미'도 기록해주세요.

_____

_____

_____

_____

마음고생 많이 한 나에게 잘 견뎠다고 격려도 해주고,
앞으로는 '이렇게 살자'고 응원하는 편지를 써주세요.

관계를 맺는 지혜와
마음가짐

•　　나에게 상처 주는 사람과 얼굴 보며 지내야 한다면? 저는 무조건 피해 다니며 살았어요. 그랬더니 삶의 반경이 너무 좁아지더라고요. 결국 내 손해! 제게 큰 깨달음을 준 두 사람이 있어요. 첫 번째는 가수 강원래 씨. 그와 인터뷰했던 내용을 일부 옮겨볼게요.

2000년 11월 9일. 오토바이를 타고 가던 그는 불법으로 유턴하는 차에 치여서 1급 장애인이 되었다. 장애인으로 살아야 한다는 현실을 받아들이는 데는 오랜 시간이 걸렸다. 손에 잡히는 대로 집어 던지고, 소리 지르고, 막무가내로 욕을 하기도 했다. 그 때문에 병실 침대에 한 달 반 동안 묶여 있기도 했다. 다 깨부수고 심지어 불도 지르고 싶었다. '병신'이란 말을 듣고 울기도 많이 울었다. 심리치료를 받게 되었을 때 솔직한 심정을 말했더니, '당연한 심리적 반응이며 지극히 정상인 상태'라는 진단이 나왔다. 조덕배 선배가 한 말이 떠올랐다. "베개가 썩을 때까지 울어라, 짜샤!"

"올해가 장애인으로 산 지 14년 되는 해예요. 부정, 분노, 좌절의 시간을 충분히 가졌어요. 내가 장애인이라는 현실을 받아들이기 어려웠으니까……. 선배 장애인들의 '세상을 향해 욕하면 세상이 욕으로 답하고, 세상을 향해 웃으면 세상이 웃음으로 답한다'라는 조언이 가장 큰 힘이 되었죠. 세상을 향해 먼저 웃는다는 것, 정말 힘든 일이에요. 그런데 내가 먼저 웃으면 세상이 반드시 웃음으로 답한다는 말씀이 맞더라고요."

저는 먼저 웃을 용기가 없었어요. 상처받는 게 두려워서 저에게 자꾸 상처 주는 사람은 피하고 관계를 멀리하면서 살았죠. 상대가 느낄 만큼 티 나게 말이에요. 새로운 인간관계를 시작하는 것도 쉽지 않았어요. 제 속엔 '저 사람이 나를 안 좋아하면 어떡하나'라는 두려움이 있었거든요. 그래서 어딜 가나 사람들과 금방 친해지고 잘 지내는 사람들을 관찰해봤죠. 그 사람들의 공통점은 이거였어요.

'이 사람은 나를 좋아하게 될 거야', '우린 잘 지낼 수 있어'라고 믿는 것.

상대가 나를 좋아한다는 걸 알고 있으면, 어떻게 말하고 행동하게 되나요? 더 친절해지고, 더 많이 웃고, 상대가 원하는 말과 행동으로 그를 편히 대하게 되죠. '두려움'이 없을 때 상대와 잘 지낼 수 있어요. 거절당할까 봐 두려워하지 말기! 움츠러들지 말기!

이때 가장 좋은 방법이 '먼저 웃는 용기'를 내는 것입니다. 걱정이 없고 자신감이 넘쳐서 웃는 게 아니라, 웃기 때문에 걱정과 불안이 사라지고 자신감이 생기는 거예요. 웃음은 긍정적인 유전자를 활성화하는 방법이기도 합니다.

일반인들에게 거울을 보고 웃으며 긍정적으로 생각하는 훈련을 한 달 동안 시킨 다음, 훈련 전의 유전자와 훈련 후의 유전자를 분석해보았습니다. 그 결과 유전자의 상태가 많이 달라졌다는 것을 알 수 있었습니다. 세포를 활성화하고 신진대사를 원활하게 하는 유전자는 활발해지고, 스트레스를 유발하는 유전자는 퇴화됐어요. 웃으려고 노력하는 것만으로도 유전자를 변화시킬 수 있다는 겁니다.

우리가 잘 웃지 못하는 이유는 솔직한 감정을 절제하며 살기 때문입니다. 어릴 때부터 우리는 감정을 절제하는 게 어른스럽고, 듬직하고, 차분한 거라고 교육받아왔기 때문이에요. 지금부터라도 웃는 연습을 해봅시다.

"우리는 행복하기 때문에 웃는 것이 아니고, 웃기 때문에 행복하다."

심리학자 윌리엄 제임스가 한 말입니다. 자꾸 웃으면 내 입에서 부정적인 말이 떠나가게 됩니다.

어떤 사람과
가까이 지내야 하나요?

• 사람을 알려면 그 사람이 친하게 지내는 다섯 사람을 살펴보면 됩니다. 그들의 평균치가 바로 그 사람입니다. 나와 가까운 다섯 사람을 떠올려보세요. **그들의 이름을 지금 써보세요.** 인성, 성실함, 사회적 능력 등등 내가 닮고 싶은 부분을 이름 옆에 써보세요.

내 인생의 평균치를 높여주는 사람도 있고, 어쩌면 나의 평균치를 낮추는 사람이 끼어 있을 수도 있겠네요. 이 다섯 사람의 평균치가 바로 당신입니다. 가까이 있는 사람에게서 받는 영향은 생각보다 강렬합니다. 그러므로 사람을 사귈 때 신중해야 합니다. '배울 건 없지만 심심해서 만나는 사람', '만날 때마다 상처받지만, 잘해줄 땐 잘해주니까 참고 만나는 사람', '별로지만 거절 못 해서 만나는 사람'은 이제 그만 만나는 용기가 필요합니다.

젊을수록 가깝고 자주 만나는 사람의 행동과 사고방식에 영향을 많이 받습니다. 어린아이라면 한 사람의 인생이 결정되기도 합니다.

● **어떤 사람과 가까이 지내고 싶나요?** 지금까지 가까이 지내지 못했지만, 내가 배울 점이 많은 사람, 닮고 싶은 사람이 있나요? 그 사람의 이름과, 어떤 점을 닮고 싶은지 써봅시다. 내가 먼저 다가가는 용기도 내보세요. 함께 성장하는 벗이 될 수 있을 거예요.

우리는 지금까지 '관계'를 맺는 지혜와 마음가짐에 대해 살펴보았습니다. 저도 관계 맺는 건 여전히 어렵지만, 연습하고 실천해보니 많이 편해지는 것 같아요. 이제는 세상 속에서 나를 지키고, 키우는 감정 연습을 시작해볼까요?

2장

생각과
감정

나를 지키고 관계를 살리는
마음 사용법

나를 착취하는
소시오패스 대처법

●   알고 보면 사이코패스보다 더 무서운 유형이 소시오패스입니다. 소시오패스는 우리의 일상 속에 함께 있는 무척 '평범'해 보이는 사람이에요. 인구 스물다섯 명 중 한 명이 소시오패스라고 하죠. 내 친구 중에, 직장 동료 중에도 소시오패스는 항상 있어요. 사교성을 가지고 일상생활을 잘하는, 얼핏 보면 매우 매력적인 '비폭력적 소시오패스'가 사실은 사이코패스보다 더 무서운 존재입니다. 소시오패스 중에는 사회에서 전문가, 능력자로 활동하는 유능한 직업인들도 많습니다.

소시오패스는 매우 친절하고 많이 베푸는 사람처럼 보이는 경우가 많아요. 매우 사교적인 사람으로 느껴지죠. 언변도 뛰어나서 사람들을 유혹하는 데 능합니다. 카리스마 있고, 대화를 이끌어나가는 능력이 탁월하기에 쉽게 호감을 얻어요. 다른 사람의 감정을 잘 이용하는 거예요. 그들은 공감 능력이 뛰어난 것처럼 보이지만, 사실은 그렇지 않아요. 타인의 감정을 이해하는 '정서적 공감'이 아니라, 오로지 자신의 이득을 위해 타인의 감정을 이용하고 착취하는 '인지적 공감' 능력이 탁월합니다.

소시오패스는 우리를 조종하기 위해 과한 칭찬을 하며 환심을 삽니다. 자신을 성격 좋은 사람, 화끈한 사람, 선심을 베푸는 사람으로 잘 위장합니다.

'그 사람, 혹시 소시오패스일까?' 하는 의심이 간다면 다음 항목에 체크해보세요.

첫째, 베푸는 사람 같지만 알고 보면 매우 계산적입니다.

자신의 이득을 위해서 타인을 교묘하게, 능숙하게 이용합니다. 얻을 게 있을 때는 정말 친한 척하지만, 더는 얻을 게 없을 때는 냉정하게 관계를 끊어버립니다.

둘째, 상대를 반드시 이겨야 하는 대상으로 여깁니다.

그들은 어떤 싸움에서건 지지 않으려 합니다. 만약 타인과의 감정싸움에서 지거나 자신이 손해를 입었다고 생각하면, 반드시 어떤 방법이든 동원해서 복수를 하려 합니다.

셋째, 자주 약속을 어깁니다.

나에게 더 이익이 되는 사람을 만나는 데 시간을 할애하기 때문에 자주 약속을 어깁니다. 그러면서도 온갖 이유를 들어가며 조금도 미안해하지 않습니다.

넷째, 카리스마 있고 리더십이 강한 것 같지만 자신을 과대포장하는 데 능합니다.

언변이 뛰어나고 환심을 사는 데 능하므로 사람들의 관심을 받으면서 쾌감을 느끼지만, 거짓말과 허세가 심합니다. 재소자 중 '사기'로 복역하는 사람 중엔 소시오패스가 많습니다.

다섯째, 자신의 잘못이 들통나면 동정심에 호소합니다.

'피해자 코스프레'를 시작합니다. 자신은 남을 이용하는 가해자가 아니라 피해자라고 주장합니다. 자신이 결백한 사람이라는 것을 증명하고자 '자신이 오히려 얼마나 상처를 입었는지'를 강조하면서 동정심에 호소합니다.

여섯째, 반드시 복수합니다.

잘못이 들통나면 자신보다 온순한 사람, 자신의 허물을 발견한 그 사람을 오히려 가해자로 지목합니다. 온갖 거짓말을 만들어내고 소문을 내기 시작합니다. '복수'의 시작입니다.

일곱째, 거짓말에 능하고 양심의 가책을 못 느낍니다.

타인을 이용하고 거짓말을 만들어내지만, 전혀 양심의 가책을 느끼지 않습니다. 자신이 만든 거짓말에 스스로가 속아서 자기가 정말 피해자라고 믿기 때문에 죄책감을 느낄 줄 모릅니다. 자신의 행동이 반윤리적이라는 사실을 판단하는 능력은 있지만, 진정으로 반성하지는 못합니다.

여덟째, 스스로 대단한 사람이라고 믿는 '병적인 자기애적 인격 장애'를 갖고 있습니다.

남을 칭찬하며 환심을 사지만, 사실은 '내가 제일 잘났다'라는 자만심이 강합니다. 진심으로 누군가를 존경하거나 좋아하지 않아요. 자신의 능력이나 성격에 대해 부정적 평가를 하는 사람은 바로 처벌의 대상이 됩니다.

사이코패스와 소시오패스는 어떻게 다를까요? 사이코패스는 끔찍한 범죄를 충동적으로 저지르며 자신의 무서운 기질을 드러내는 사람을 말합니다. 그래서 미리 경계할 기회가 많아요. 하지만 소시오패스는 정말 평범한 사람의 모습으로 내 곁에 함께 지내면서 반윤리적·반사회적인 일들을 저지릅니다. 그래서 사이코패스보다 더 무서운 존재이고, 이들에게 잘 대처하지 않으면 고스란히 내가 피해를 보게 됩니다.

소시오패스는 우리 주변에 생각보다 많이 포진해 있습니다. 사회생활을 하면서 꼭 만나게 되는, 나를 화나게 하는 그 사람이 소시오패스가 아닌지 살펴보는 건 중요해요. 알아야 상처받지 않고, 스트레스를 줄이고, 적절히 대처할 수 있으니까요. 경계 없이 가까워졌다가는 그들의 '밥'이 됩니다. 상처는 고스란히 나의 것이 되고요.

'나는 왜 맨날 당할까?', '혹시 나에게 문제가 있는 게 아닐까?' 하고 자괴감에 빠지는 사람도 많습니다. 하지만 상대가 소시오패스라는 걸 알고 대응하면, 상처받고 괴로워하는 일을 많이 줄일 수 있습니다.

소시오패스 성향을 가진 사람과는 관계를 맺지 마세요. 일과 관련이 없다면 관계를 끊으세요. 하지만 일 때문에 계속 만나야만 하는 경우가 더 많습니다. 제 주변에도 소시오패스가 여러 명 있고, 일이나 친분 때문에 지속적으로 만날 수밖에 없습니다. 그럴 땐 어떻게 관계를 맺고 감정을 조율하면서 자신을 보호할 수 있을까요?

첫째, '내 주변에도 많고, 평생 만나게 된다'라는 걸 기억하세요.

인구의 4퍼센트, 그러니까 스물다섯 명 중에 한 명이 소시오패스입니다. 나머지 스물네 명이 나와 같은 경험을 하고 있고, 상처받은 경험을 가지고 있어요. 함께하는 시간이 길어질수록 소시오패스라는 게 드러나기 때문에 사람들도 차츰 경계하게 되어 있습니다. 나만 당하는 게 아닙니다.

둘째, '나는 능력 있는 사람이구나' 생각하고 마음에 상처 입지 마세요.

소시오패스는 자기에게 득이 되는 사람에게만 접근하며 능력 없는 사람에게는 아예 관심을 두지 않습니다. 만약 소시오패스가 많이 접근한다면 '나는 능력 있는 사람이구나'라고 생각해도 좋습니다. 이런 마음으로 상대를 대해야 기선 제압에 성공할 수 있습니다. 소시오패스인 줄 모르고 관계를 맺었다가 상처를 입더라도, 이렇게 생각하면 금방 벗어날 수 있을 거예요.

셋째, '감정'에 반응하지 말고 무표정으로 바라보세요.

그들은 다른 사람의 감정을 잘 활용합니다. 매우 친근하게 다가오고 상대의 감정에 공감하면서 감정적 교류를 통해 접근하려

합니다. 그에게 나의 감정을 드러내지도 말고, 그의 감정에 반응하지도 마세요. 그러면 쉽게 접근하지 못합니다.

넷째, '칭찬'에 속지 말고 '고맙다'라고 말하지 마세요.

그가 내게 보내는 칭찬이 진심인지 냉정하게 파악하세요. 상대의 환심을 사기 위해 칭찬의 수법을 쓰기도 하는데 거기 넘어가면 안 됩니다. 칭찬 세례를 퍼부은 뒤 나에게서 이득을 취하려고 할 게 뻔합니다. 누군가가 나를 칭찬하면 "고맙습니다"라고 말하는 게 일반적이죠. 하지만 가식적 아부라는 판단이 들면, "아휴, 저는 그런 장점 없습니다. 과찬이십니다" 하고 무표정으로 건조하게 대응하세요.

다섯째, 동정심을 유발하는 피해자 코스프레에 속아서 연민을 느끼지 마세요.

사이코패스처럼 공포가 아니라 연민, 동정심을 불러일으키는 그에게 속지 않아야 합니다. 소시오패스들에게 여러 번 속는 사람도 많습니다. 그들은 연기력도 뛰어나요. 본질을 들키면 동정심을 유발하죠. 여기에 속아서 연민을 느끼고 '내가 잘못 봤겠지', '이제는 변하겠지' 하며 헛된 기대를 해서는 안 됩니다. 그들은 양심의 가책을 못 느끼고 냉정하기 때문에 절대 변하지 않습니다.

여섯째, 침묵하거나 '나는 잘 모르겠다'라고 답하세요.

그들은 자신이 옳다는 걸 증명하기 위해서 끊임없이 주변 사람들의 동의를 구합니다. 침묵하고 무시하세요. 그가 윗사람이라면 그럴 수 없겠죠? 이때는 "잘 모르겠습니다"라고 답하세요. 그들은 바위처럼 감정과 생각을 표현하지 않는 사람에게는 접근하지 않습니다.

일곱째, 함께하는 사람들과 대응 방법을 모색하세요.

시간이 조금만 지나면, 속았던 사람들도 그들의 본질을 어느 정도 파악하게 됩니다. 내가 먼저 나서서 그의 성격 장애를 비판할 필요는 없지만, 사람들 사이에서 이야기가 나오면 그의 피해자 코스프레에 동조하지 않기, 복수의 대상이 된 사람 보호해주기, 거짓말에 속지 않기, 악의적 소문에 동조하지 않기 등 대응 방법을 함께 모색하세요.

그렇다면 소시오패스는 치료가 가능할까요? 치료를 하면 어느 정도 관리가 됩니다. 하지만 소시오패스인 사람이 자기 증세를 파악하고 의료진에게 도움을 구하는 일은 거의 없으므로 기대하지 않는 게 좋습니다. 피하는 것이 최고의 방법이에요.

사이코패스는 선천적 성격 장애인 사람이 대부분이지만, 소시오패스는 자라면서 양육 환경의 영향을 받아 후천적 성격 장애를 갖게 된 경우가 많습니다. 사이코패스는 선천적으로 충동적이고 두려움을 느끼지 못하지만, 소시오패스는 유년기 시절에 양육자로부터 당한 폭력 같은 환경적 요인으로 생겨날 수 있습니다. 소시오패스 성향을 보이는 부모 밑에서 자란 아이들이 소시오패스가 될 확률이 높다는 견해도 있습니다. 성격 장애가 대물림되는 거죠.

소시오패스가 인구의 4퍼센트나 되고 어린 시절 양육 환경의 영향을 많이 받는다면, 예방에 힘써야 하지 않을까요? 가치관이 성립되는 유년기에 부모로부터 애정을 충분히 받고 도덕 교육이나 타인에 대한 공감과 소통 교육을 지속적으로 받는다면 예방할 수 있습니다. 그러나 착하고 도덕적으로 사는 사람이 힘들게 사는 반면, 타인을 이용하고 거짓과 폭력을 일삼고도 양심의 가책을 느끼지 못하는 사람들이 잘 사는 현대 사회의 분위기에서는 소시오패스가 많아질 수밖에 없어요. 따라서 우리는 '소시오패스 대처법'을 알아야 해요. 그래야만 그들로 인해서 분노하고, 화나고, 짜증 나는 내 감정을 조율할 수 있으니까요.

분노란,
내가 독을 마시고
상대가 죽기를 바라는 것

●　　　상담을 하다 보면 상대에 대한 배신감과 그로 인한 자괴감, 복수하고 싶은 마음, 치밀어 오르는 분노 때문에 심장통이 느껴질 정도로 마음이 아프다는 사람들을 많이 만납니다. 분노하는 마음을 그대로 방치하면 육체의 질병으로 옮겨가기 쉽습니다. 마음의 상처로 인한 스트레스가 폐렴의 원인이 된다는 연구 결과도 있어요.

오래전에 저도 비슷한 감정을 느낀 적이 있습니다. 어떤 사람으로 인해서 회복이 불가능한 것들을 잃었고, 배신감에 치를 떨었죠. 키 161센티미터에 52킬로그램이었던 저는 4개월 만에 43킬로그램이 됐고, 밤에는 악몽에 시달리다가 30분마다 잠에서 깼어요. 몸이 급격히 쇠약해지자 저 스스로를 비난하기 시작했죠.

'바보 같은 너는 먹을 자격도 없어.'

일하는 시간을 제외하고는 모든 시간을 '어떻게 복수할까'와 '자신을 비난하기'에 썼습니다. 열심히 종교에 매달렸어요. 주기도문을 외우다가 '우리가 우리에게 잘못한 사람을 용서하여준 것 같이, 우리 죄를 용서하여 주시고'에 이르면 목소리가 안 나왔어요.

'저는 용서 못 해요. 그러니 신께서도 저를 용서하지 마세요!'

기도하기를 포기했죠. 차라리 말을 말지 용서하라고, 잊으라고 쉽게 말하는 주변 사람들로 인해 더 상처를 받았고요.

"분노하며 원한을 품는 것은, 내가 독을 마시고 상대가 죽기를 바라는 거예요."

미국 작가 말라키 매코트가 한 말입니다. 상대는 저의 존재조차 잊은 듯 잘 살고 있는데, 저는 스스로 독약을 원샷하고 상대가 망하거나 죽기를 바라고 있었던 거죠. 과거의 지옥에 갇혀서 저승사자 꼴을 하고 있는 건 바로 나였어요. 나를 배신한 사람의 불행을 바라며 내 시간과 감정을 쏟은 긴, 복수가 아니라 나를 죽이는 것이었어요.

분노는 우리를 과거의 덫에 갇히게 합니다. 해결할 수 없는 상대에 대한 분노는 자신에 대한 분노로 옮겨와서 자존감을 파괴하고, 현재에 대한 판단력을 마비시킵니다. 대인관계 공포증도 생기죠. 걱정과 두려움 때문에 미래의 문은 열 수조차 없습니다. 그렇다면 분노는 무조건 참아야 할까요?

　분노를 참는 건 고통을 더 증폭시킵니다. 깨어 있을 땐 호흡곤란, 혈압 상승, 심장박동 수 증가, 육체적 고통을 일으키고 겨우 잠들면 렘수면 상태에서 악몽에 시달리느라 근육도 쉬지 못해서 근육통이 생깁니다. 분노를 표출하지 못하고 우울이 심해지면 자아 기능이 급격히 낮아져서 실수를 연발하고, 크고 작은 사고를 일으킵니다. 집중력, 판단 능력, 감정 조절 능력, 미래 예측 능력도 급격히 떨어집니다.

　상대에게 큰 상처를 받았다면, 내 마음속에 일어나는 고통과 분노의 감정을 거부하지 말고 당연히 일어나는 감정이라고 인정하세요. 분노는 무의식에서 일어나는 감정입니다. 억누른다고 사라지는 게 아닙니다. 상대가 가까운 관계였다면, 특히 가족이라면 고통이 더 크고 오래갑니다. 관계의 죽음도 죽음입니다. 애도의 시간이 필요합니다. 애도의 시간을 충분히 가지지 않고 관계를 정리할 수는 없어요. 단, 자기비난은 금물입니다. 분노를 없애려는 무모한 노력을 멈추고, 그 분노를 자연스러운 감정으로 받아들이세요.

하지만 이미 다친 나를 보호하기 위해서 분노를 '행동'으로 옮겨서는 안 됩니다. 분노가 행동이 되는 순간, 예측 불가능한 위험이 내 인생에 더 큰 상처를 낼 수도 있습니다. 분노는 상대를 죽이는 게 아니라 나를 죽입니다. 나를 고통에 빠트린 상대 때문에 더 많은 것, 아니 내 전부를 잃을 수도 있어요. 상대가 오늘을 살며 미래의 문을 열고 있을 때 나는 과거의 방에 갇혀서 산다면, 얼마나 억울한가요?

그렇다면 내 마음에서 일어나는 분노를 어떻게 다루어야 할까요? 분노의 감정을 거부하지 말고 당연히 일어나는 감정이라고 인정하세요. 무의식에서 일어나는 분노의 감정을 가만히 바라보세요. '무의식'의 감정을 '의식'의 영역으로 가만히 끌어와서 침착하게 대화를 한번 해봅시다.

우선 종이에 적어보세요. 나의 솔직한 감정을 객관적으로 바라볼 수 있게 됩니다. 글로 적힌 내 감정을, 제삼자의 눈으로 바라볼 수 있게 되는 거죠.

나는 왜 분노하는가?

나는 그에게 어떻게 하고 싶은가? 복수하고 싶은가?

복수하고 싶다면 구체적으로 어떻게 하고 싶은가?

그것을 행동으로 옮겼을 때, 어떤 결과가 발생할까?

그 결과로 내가 얻는 것은 무엇인가?

그 결과로 내가 잃는 것은 무엇인가?

어떤가요? 내가 분노하는 이유를 종이에 적다 보면, 분노해야 할 이유보다 더 심하게 분노의 감정을 느끼고 있음을 알게 되는 경우도 많아요. 분노를 행동으로 옮겼을 경우 내가 얻는 것보다 잃는 것이 더 많지는 않나요?

저는 자주 이 방법을 씁니다. 제 감정을 객관화해 바라봄으로써 스스로 답을 찾을 수 있는 경우가 많았어요. 분노하는 마음을 행동으로 옮겼을 때, 내가 얻는 것보다 잃는 것이 훨씬 많은 경우가 대부분이었죠. 그 점을 알게 되니 분노를 행동으로 옮기는 것을 멈출 수 있었고, 분노의 감정도 서서히 잠재울 수 있었어요. 나의 의식이 무의식의 감정을 조절할 수 있게 된 거죠.

그 단계에 이르렀다면, 다음 두 가지 질문에 스스로 답해 보세요.

그는 나에게 왜 그런 행동을 했을까?

그는 나에게 어떤 감정일까?

상대 때문에 상처받고 분노가 극에 달해 있을 때 처음에는 그에 대해 생각하기도 싫고, 생각하면 더 분노가 치밀어 오르죠. 하지만 어느 정도 내 감정을 다스릴 수 있게 됐을 때 상대의 입장에서 생각해보면, 그 사람도 '그런 만한 이유'가 있지는 않았을까를 생각할 수 있습니다. 내가 조금의 원인 제공을 했을 수도 있고, 그 사람 또한 나에게 상처받은 일이 있기 때문에 나에게 그런 행동을 했을 수도 있고요.

상대의 입장에서 생각해볼 수 있는 단계에 이르면, 이젠 가장 현명한 복수를 시작할 수 있습니다. 내 인생의 하찮은 존재로서 아예 잊어버리는 연습을 해보세요. 잊는다는 건, 그를 내 기억 속에서 죽이는 것입니다. 인생에서 가치 없는 인간을 기억의 쓰레기통에 처넣고 불태워 없애는 것, 그것이 내가 할 수 있는 가장 현명한 복수입니다.

내 기억에서 서서히 잊힐 때, 용서도 서서히 이루어집니다. 억지로 분노를 참고 용서하려고 애쓰지 마세요. 진짜 복수는 신의 영역이고, 신이 대신 해주는 날이 옵니다. 신의 시계는 우리가 원할 때 움직이지 않고 늦게 움직일 뿐입니다.

나에게 일어나는 분노를 억지로 잠재우려 하지 말고, 내 감정을 인정하고, 이런 질문을 스스로 주고받는 과정을 거쳐보세요. 나를 위해서 상대를 용서하는 단계에 서서히 도달할 수 있습니다. 그리고 깨닫게 되죠. 용서의 수혜자는 상대가 아니라 나 자신이라는 걸 말이죠. 과거의 고통에서 스스로 벗어날 때, 오늘을 살면서 미래의 문을 열 수 있습니다.

박상미의
고민 상담실

분노의 감정이 생기는 날,
하던 일을 잠깐 멈추고 이 페이지로 찾아오세요.
내 감정을 인정하고 내 마음과 대화를 해보세요.
나의 의식이 무의식의 감정을 조절할 수 있게 될 거예요.

❶ 나는 왜 분노하는가?

_____

_____

_____

❷ 나는 그에게 어떻게 하고 싶은가? 복수하고 싶은가?

_____

_____

_____

❸ 복수하고 싶다면 구체적으로 어떻게 하고 싶은가?

❹ 그것을 행동으로 옮겼을 때 어떤 결과가 발생할까?

❺ 그 결과로 내가 얻는 것은 무엇인가?

❻ 그 결과로 내가 잃는 것은 무엇인가?

7 그는 나에게 왜 그런 행동을 했을까?

8 그는 나에게 어떤 감정일까?

9 나를 위해서, 어떤 반응과 행동을 선택할 것인가?

욱하지만 쿨하다?
화 잘 내는 사람의
다섯 가지 비밀

● 　　매일 보고 살아야 하는 사람 중에 툭하면 화내고 짜증 내는 사람이 있나요? 어딜 가나 그런 사람 있어요. 나한테만 그러는 게 아니니까 너무 열받지 마세요. 그런 기질을 가진 사람 곁에 있는 이들은 너무 힘들죠. 직장 동료가 그런 사람이라면, '내 감정을 희생한 대가가 월급의 50퍼센트다'라고 생각하면 참기가 수월할 거예요.

그런데 그 사람이 가족이라면…… 답이 없죠. 상대를 변화시키려 하지 마세요. 나만 더 상처받아요. 내 감정을 훈련하는 게 우선이에요. 그러면 상처 덜 받고, 얼굴 보며 살 수 있어요. '화 잘 내고 짜증 잘 내는 감정을 다스리는 법'은 무엇일까요? 더불어 그런 사람으로 인해 '늘 상처받는 사람들의 대처법'은 무엇일까요?

화는 왜 나는 걸까요? '나의 가치를 지키고 싶은 마음', '나의 가치를 사랑하는 마음'인 자기애가 상처 입었을 때 수치심과 분노라는 감정이 우는 거예요. 상대에게 화를 내고 있지만 실제로는 내 속의 자기애가 울고 있는 겁니다. 상대로 인해서 나의 가치가 자극을 받고 상처 입어서 자기애를 지키려고 안간힘을 쓰는 거예요.

화를 자주 내는 사람이 있고, 좀처럼 화를 잘 내지 않는 사람이 있어요. 남의 평가를 떠나서 자존감이 강한 사람은 좀처럼 화를 내지 않습니다. 자존감이 강하면 남의 말 따위에 자기애가 쉽게 상처 입지 않기 때문입니다. 같이 언성 높이지 않고, 상대가 화내며 하는 말을 들어줍니다. 들어봐야 '이 인간이 나한테 왜 이러는지' 정보를 얻을 수 있잖아요. 같이 화내고 싸우면 그 정보를 수집할 시간이 없어요. 슬기롭게 대처하기 위해 말을 들어주면서 정보를 수집하고, 전략과 전술을 짜는 겁니다. 슬기로운 복수를 해야죠. 이런 사람이 '심리적 고수'예요.

자기애에 상처를 입었다고 해서 누구나 화를 내는 건 아닙니다. 스스로 '욱하지만 쿨하다'고 하는 사람들도 있는데 모두 자기감정을 조절하지 못하고 남에게 다 들켜버리는 '심리적 하수' 예요. 화 잘 내는 심리적 하수들의 특징이 있어요.

첫째, 실제보다 자신을 과대평가하는 사람들이 화를 잘 냅니다.

별것 아닌 일에도 남들이 자기를 무시한다고 생각해서 욱하고 화를 내는 겁니다. "지금, 나 무시하는 거지? 넌 뭐가 잘났냐?" 내가 생각하는 나의 가치만큼 상대에게 인정받지 못해서 속상한 거예요.

둘째, 자신의 콤플렉스나 과거의 상처가 자극을 받아 방어기제가 발동한 겁니다.

오늘, 여기, 우리 사이에 일어난 일로 인해서 본인의 콤플렉스가 자극받았을 때 또는 과거의 상처가 떠올랐을 때 과하게 반응하며 화를 냅니다. 오늘, 여기, 우리 사이에 일어난 상황을 객관적으로 바라보고 '내가 왜 화가 나지? 지금 내가 이 정도로 화를 내는 게 마땅한가? 내 콤플렉스를 들켜서 그걸 덮으려고 과하게 화내는 것 아닌가?'를 자신에게 물을 수 있다면 이성적인 반응을 할 수 있는데, 감정 조절에 실패한 거죠.

과거의 상처에 자극을 받은 경우라면, 지금 내 앞에 있는 사람에게 그것까지 헤아리라고 요구할 수는 없잖아요? 상대는 내 과거의 상처를 몰라요. 그러니까 당신의 상처에 고춧가루를 뿌렸다는 걸 모른다고요. 결국 화내는 사람만 성질 더러운 사람이 되고 마는 겁니다.

셋째, 상대에게 큰 기대를 했던 겁니다.

혼자 큰 기대를 하고 상대에게 잘해줍니다. 그러고는 상대에게서 똑같은 보상을 받지 못했을 때 자기애에 상처를 입고 수치심과 분노의 감정이 가득 찬 눈물을 흘리는 거죠. 화라는 형식을 빌려서요.

넷째, 스스로 해결하지 못하는 짜증을 남한테 해소하는 것입니다.

하수 중의 하수죠. 상대를 내 감정의 쓰레기통으로 삼는 이기적인 사람입니다. 가까운 사이일수록, 그리고 나보다 약하거나 착할수록 이런 방식을 많이 쓰죠. 부모가 자식에게, 형이 동생에게, 아내가 남편에게, 직장 상사가 부하 직원에게 등등요. 하지만 이게 가장 저질이고 비겁한 거예요. 우리 그러지 맙시다.

다섯째, 나의 간절한 요구를 알아달라는 호소를 이렇게밖에 표현하지 못하는 겁니다.

상대에게 관심받고 싶고 인정받고 싶고 존중받고 싶은데 그게 안 되니까, 별것도 아닌 일에 꼬투리를 잡아서 버럭 화를 내는 거예요. 상대에게 내 감정을 솔직하고 세련되게 전달하는 방법을 모르는 심리적 하수들이 이런 실수를 합니다.

내 감정에
이름을 붙일 때
일어나는 기적

●   내 감정을 자각할 줄 알아야, 내 감정의 주인이 될 수 있습니다. 다음의 표는 한국인들이 주로 쓰는 감정 어휘들을 정리해본 것입니다(키워드에 '감정 단어'가 있는 논문들을 참고해서 작성). 구체적인 감정 어휘를 많이 알고 있으면, 내가 느끼는 감정을 구체적으로 표현하는 데 도움이 되고, 내 감정의 주인이 되어 어떤 상황에서도 지혜롭게 대처할 수 있습니다.

행복하고, 흥미롭고, 기쁜 감정과 같은 긍정적인 감정도 구체적이고 다양한 어휘로 표현할 줄 아는 사람은 그 감정을 구체적으로 자주 느낄 확률이 높아집니다. 나에게 행복과 기쁨을 주는 섬세한 감정들을 느끼고 찾아내는 능력이 생기는 것입니다.

이유 없이 짜증이 날 때, 갑자기 우울해질 때, 주체하기 힘든 부정적 감정들이 밀려올 때 감정 어휘 표를 펼치고 내 감정에 이름을 붙여보세요. 부정적 감정이 치밀어 오를 땐 다 이유가 있어요. 조금씩 쌓인 것이 어떤 자극을 받았을 때 치밀어 오르는 것이므로, 내 마음 상태를 알아차려야 대응을 할 수 있습니다.

부정적인 감정일수록 우리는 덮어두고 외면하고 싶어집니다. 그래서 잠을 자버리기도 합니다. 하지만 감정은 없어지지 않아요. 그 순간에 내 감정과 대화를 시작해야 합니다. 내 감정을 구체적으로 자각할 때 왜 이런 감정이 생겼는지 내 마음을 이해할 수 있고, 내가 무엇을 원하는지 '소망'을 알게 되며, 내가 어떻게 행동하는 것이 나를 위한 최선일지 선택할 수 있습니다. 감정을 알아야 조절을 할 수 있기에 '알아차리는 것'이 먼저입니다.

상대방의 감정을 읽으면, 갈등을 줄이는 데에도 큰 도움이 됩니다. 중학생 아들이 귀가 후에 가방을 내동댕이치며 말합니다.

"열받아!"
"그냥 짜증 난다고!"

욕을 하고 야단을 치고 싶겠죠? 잠시 참으세요. 상대의 행동보다 감정을 먼저 읽으세요.

"왜 열받고 짜증이 나?"

상대가 자신의 구체적인 감정을 구체적인 단어로 표현할 수 있도록 기다려주세요. 대화를 통해서 상대의 소망을 알게 되고, 그가 좋은 행위를 할 수 있도록 유도할 수 있습니다.

감정 조절을 못하는 사람들은 늘 상대를 탓합니다. '너 때문에 화가 났다', '상대가 나를 자극했기 때문에 어쩔 수 없는 반응을 한 것이다'라고 자기합리화를 합니다. 하지만 감정에 이름 붙이기를 꾸준히 하다 보면, 내 감정을 알아차릴 때 내 소망을 알 수 있고 나를 위해 좋은 행위를 선택할 수 있음을 알게 됩니다.

한국인이 주로 쓰는 감정 어휘	
만족	좋다 | 평화롭다 | 편안한다 | 만족하다 | 고맙다 | 감탄하다 | 감동하다 홀가분하다 보람 있다 | 자랑스럽다 | 극치감을 느끼다
흥미	기대하다 | 몰두하다 | 재미있다 | 흥분되다 | 관심 있다
기쁨	행복하다 | 기쁘다 | 유쾌하다 | 즐겁다 | 뿌듯하다 | 성취감을 느끼다 | 흥겹다 흥미롭다 | 승리감을 느끼다 | 반하다 | 설레다 | 반갑다 | 열광하다 | 통쾌하다 황홀하다 | 반갑다 | 명랑하다 | 쾌활하다 | 하늘로 붕 뜨다 | 신나다 | 사랑스럽다
놀람	놀라다 | 당황하다 | 경악하다 | 어이없다 | 뜻밖이다
걱정	걱정되다 | 두렵다 | 겁나다 | 불안하다 | 초조하다 | 심란하다 | 막막하다 답답하다 | 무섭다
후회	후회되다 | 아쉽다 | 허무하다 | 속상하다 | 망설이다 | 미안하다 | 애틋하다
부끄러움	부끄럽다 | 무안하다 | 수치스럽다 | 쑥스럽다 | 창피하다 | 수줍다 | 주눅 들다 열등감을 느끼다 | 죄책감을 느끼다 | 민망하다
슬픔	슬프다 | 가슴 아프다 | 서글프다 | 우울하다 | 그립다 | 상실감을 느끼다 | 서럽다 서운하다 | 외롭다 | 불행하다 | 비참하다 | 절망하다 | 참담하다 | 비통하다
분노	분노하다 | 분하다 | 화나다 | 격노하다 | 미워하다 | 괘씸하다 | 배신감이 들다 억울하다 | 한 맺히다 | 자기혐오를 느끼다 | 자괴감이 들다
혐오	혐오스럽다 | 증오하다 | 구역질 나다 | 피하고 싶다
싫음	싫다 | 귀찮다 | 짜증 나다 | 지겹다 | 지루하다 | 역겹다 | 난처하다 낯뜨겁다 | 답답하다 | 어색하다 | 서먹하다 | 기분이 처지다 | 불편하다 실망스럽다 | 예민하다
경멸	경멸하다 | 무례하다 | 씁쓸하다 | 거부감을 느끼다
질투	질투나다 | 약오르다 | 샘나다

박상미의
고민 상담실

불편한 감정이 밀려올 때, 내 감정과 대화를 시작해보세요.
'내 마음 알아차리기' 연습해볼까요?

❶ 내 감정에 이름 붙이기(감정 어휘표에서 고르세요)

❷ 이 감정이 왜 생겼지?

❸ 소망 알기: 내 마음이 원하는 게 뭘까?

❹ 행위 선택: 내가 어떻게 행동하는 게 나를 위해서 좋을까?

"고통스러운 감정은 우리가 그것을 명확하고 확실하게
묘사하는 바로 그 순간에 고통이기를 멈춘다."

스피노자가 한 말이에요. **내 감정을 자각할 줄 알면,
내 감정의 주인이 될 수 있습니다.**

화를 다스리는
슬기로운 감정 생활

• 　　내 감정의 주인은 나입니다. 화가 나고 짜증이 나는 것은 내 속에서 일어나는 나의 감정이므로 "나, 지금 화가 나" 또는 "나, 지금 짜증 나"가 옳은 표현이에요. "너 때문에 화가 나"가 아닙니다.

화를 잘 내고 짜증 잘 내는 사람들을 가만히 살펴보면, 감정 조절에 실패한 것을 항상 남 탓으로 돌려요. "너 때문에 화가 나 못 참겠다"라며 계속 화를 냅니다. 물론 상대가 나에게 자극을 주어서 부정적인 감정이 일어났을 수도 있어요. 하지만 그 감정을 금방 털어버리는 사람이 있는가 하면, 자극에 비해 과장되게 반응하며 싸움을 일으키고 폭력을 행사하는 사람도 있죠.

며칠 전, 제가 당한 일이에요. 출근길에 집 앞 골목을 시속

30킬로미터 정도로 달리고 있었어요. 그런데 뒤에서 자전거를 타고 오던 아저씨가 운전석 창가로 바짝 따라오더니 주먹으로 창을 마구 두드리면서 욕을 하는 거예요. 너무 놀라서 창문을 5센티미터 정도만 내렸어요.

"야, ××년아, 뒤에 사람이 따라오는데 물을 뿌리면 어떡해?"

"네? 저 물 안 뿌렸는데요?"

"뭐가 아냐? 내가 얼굴에 맞았는데!"

너무 황당했지만 따질 시간도 안 주고 자전거를 타고 쌩 사라진 그놈.

제 감정은 순식간에 진흙탕이 돼버렸어요. 욕도 한번 못 해주고 당하기만 했으니까요. 화가 치밀어 오릅니다. 하지만 그 순간에도 내 감정을 어떻게 다스릴지는 철저히 내가 선택할 문제입니다. 심리적 하수는 화를 참지 못하고 욕을 하거나 소리를 지르거나, 쫓아가서 몸싸움을 할지도 모릅니다. 하지만 심리적 고수는 이럴 때 이렇게 말합니다.

"와, 최근 만난 미친놈 중에 갑이다! 제명대로 살기 어렵겠다. 더 시비 안 걸고 사라져줘서 고맙다. 오늘은 아침에 액땜했으니, 지금부턴 좋은 일만 있어랏!"

이렇게 생각을 전환하라는 건, 그 미친놈을 위해서 은혜를 베

풀라는 게 아니에요. 그 미친놈으로 인해서 내 감정이 흙탕물이 되지 않도록 나에게 유리한 감정을 선택하라는 거죠.

같은 상황에서도 자신의 감정을 다스리고 조율하는 능력은 사람에 따라 다릅니다. '상황'이 주는 자극은 같더라도, 내 안에 일어나는 감정을 조율하는 것은 '나의 능력'입니다. 그 상황에서 화를 내고 분노한다고 해서 상황이 달라졌을까요?

이미 상황은 과거형으로 종료됐는데 화를 내고 싸우거나 온종일 그 부정적인 감정에 빠져서 나를 밀치고 사라진 '개저씨'를 욕하며 하루를 보낸다면, 나의 현재와 오늘 남은 시간까지 망치고 맙니다. 나와 대화하고 얼굴을 마주치는 사람에게까지 내 감정을 전염시킬 수도 있어요. 나보다 약하거나 착한 사람을 골라 '감정의 쓰레기통'으로 삼는 저질의 방법을 쓸지도 모르고요.

화나고 짜증 날 때마다 마음껏 표출해서 주변 사람들을 힘들게 해놓고, 자기감정이 해소되면 아무 일도 없었던 듯이 상대를 대하는 사람들이 하는 말이 있습니다.

"나는 '욱'하지만 '쿨'하다."

그건 성격 더러운 사람들의 자기변명일 뿐이에요. 화를 말과 행동으로 다 분출하는 사람은 관계에서 무조건 지게 돼 있어요. 평판도 당연히 나빠지니까 화내는 데 걸린 시간보다 회복하는

데 수백 배의 시간이 필요할지도 몰라요. 그런데 거의 회복하기 힘들어요. '성질 더러운 사람'이라고 한번 낙인찍히면, 관계에도 흉터가 남기 때문입니다.

상대가 나를 자극해서 욱하고 화가 치밀어 오를 때는 세 가지만 기억하세요. 앞에서 배운 것, 복습해볼까요?

첫째, 6초 호흡법이에요.

눈을 감고 어깨를 쭉 편 뒤 3초 동안 깊게 숨을 들이마시고, 3초 후 내쉴 때는 입으로 '후~' 마음껏 뱉습니다. 여유가 된다면 다섯 번을 반복하세요. 심장과 허파가 조율되면서 마음이 놀랄 만큼 안정되고, 뇌가 감성과 이성을 조율하면서 화를 가라앉히고 이성적인 사고를 할 수 있게 됩니다.

둘째, 생각을 멈추고 심장에 집중하세요.

6초 호흡을 3~4회 반복하면서 심장에 집중하세요. 화낼 때 우리 심장은 가장 불규칙하게 뜁니다. 몸의 에너지 균형이 다 파괴되죠. 화를 낼 때보다 더 심장이 불규칙하게 뛸 때는 짜증 낼 때예요. 부정적인 생각을 멈추게 하고 몸의 에너지를 전환하는 힘은 심장에서 나옵니다. 심장의 능력은 생각보다 5,000배나 강하대요. 심장을 가장 안정적인 상태로 돌려놓는 건 감사한 감정을 느낄 때입니다. 파괴된 에너지가 다시 회복되는 거죠. 나에게 감사한 마음을 불러일으키는 기억, 그런 존재를 떠올리며 오직 심장박동에만 집중하세요. 나에게 아낌없는 사랑을 주는 사람, 고마운 사람……. 분노가 서서히 가라앉으면서 심장이 평온을 되찾을 겁니다.

셋째, 내가 화를 냄으로써 이 상황이 달라질 수 있는가를 생각해보세요.

심장이 평온을 되찾으면 생각의 영역으로 돌아오세요. 화가 나고 짜증이 나는 상황을 잘 살펴보면, 이미 벌어진 일이기 때문에 내 감정을 표출한다고 해서 달라질 게 없는 경우가 대부분입니다. 중요한 것은 그 상황을 받아들이는 내 마음가짐이에요. 그 상황에 어떤 의미를 부여하느냐에 따라서 나의 감정 반응이 달라집니다.

넷째, '그럴 수도 있지!'라고 소리내보세요.

나의 화를 자극한 상황에 관대함을 베푸는 거예요. 부정적인 감정을 털어내는 데 의외로 효과가 큽니다. 마음그릇에 담긴 부정적 감정을 바로 툭 털어버리지 않고 화와 짜증과 분노를 넘치기 직전까지 담아두면, 타인이 건넨 작은 '말의 씨앗' 하나만 들어와도 감정이 넘쳐버려요. 별것 아닌 농담 한마디를 듣고서도 욱해서 불같이 화를 내며 싸우려 드는 사람들이 대표적 사례예요. 농담 한마디 또는 조언 한마디 담길 자리가 없어서 자주 화를 내며 가까운 사람들과 싸우지는 않는지, 내 마음그릇에 부정적인 감정이 차고 넘칠 지경이 되지 않았는지, 자주 살펴보고 비우는 연습을 해야 합니다.

다섯째, 자존감을 키우세요.

자존감을 키우는 가장 좋은 방법은 작은 목표를 자주 세우고, 자주 성취하는 기쁨을 내게 선물하는 것입니다. 내가 내 삶의 주인공이고 소중한 존재라고 생각하면, 남의 평가나 남의 말에 별로 화가 나지 않아요. 화가 나는 감정도, 짜증이 나는 감정도 내 안에서 일어나는 나의 감정입니다. 당신으로 인해서 내가 지금 행복한 것도, 당신으로 인해서 내가 지금 불행한 것도 내가 느끼는 나의 감정이에요. 다음 세 가지를 꼭 기억하세요.

사람들이 내게 특별한 것을 주지 않아도
나는 나의 존재만으로도 행복을 느낀다.
긍정적인 감정을 더 오래, 충분히 느끼려고 노력한다.

부정적인 감정이 생기면 관련된 생각을 멈추고 심장에 집중한다.

감정 조절 연습을 충분히 할수록 일상이 행복해집니다.

'말이 안 통해?'
감정 소통이 먼저

●　　　관계가 깨지는 것은 묵은 감정이 싹틔운 '독이 든 말' 때문입니다. 부부가 이혼하는 이유 중 1위가 성격 차이라고 알려져 있지만, 사실은 '말' 때문에 이혼하는 부부가 더 많다고 합니다. 평생 부부 문제를 연구해온 사람이 있는데, 부부가 대화하는 것을 3분에서 5분만 관찰해보면 10년 안에 이혼할 것인가 아닌가를 94퍼센트 예측할 수 있었대요. 독이 든 말을 서로에게 많이 내뱉을수록 이혼 확률이 높아지더라는 거죠. 쌓인 감정을 그때그때 대화로 풀지 못하고 묵혀두면 썩어서 독이 든 말이 되어 입 밖으로 나오게 됩니다. 독이 든 말은 '보이지 않는 칼'입니다. 상대방의 가슴에 평생 아물지 않을 상처를 내고 평생 마음의 피를 흘리게 할 수도 있습니다.

인간은 말보다 감정으로 의사소통을 시작합니다. 갓난아기 때부터 감정으로 의사소통을 시작하고, 말을 배운 뒤에도 '감정소통'이 안 되면 '의사소통'도 안 되잖아요. 감정은 소통해야지 안으로 쌓아두면 안 돼요. 잘 표현하고, 잘 비우며 살아야 합니다.

유리컵에 물이 가득 차 있는데, 물을 더 부으면 어떻게 될까요? 당연히 흘러넘치죠. 우리 마음도 같습니다. 우울, 분노, 짜증, 섭섭함 같은 감정이 나의 마음그릇에 넘칠 지경으로 차 있으면 옆 사람의 농담 한마디도 수용할 여유가 없어져요. '웃자고 한 말에 죽자고 싸우게' 되죠. 작은 농담의 씨앗 하나 담을 자리가 없어요. 자주 비워야 해요. 그래야 긍정적인 감정인 기쁨, 용기, 배려, 너그러움이 담길 자리가 생깁니다. 마음을 자주 비워야 긍정적인 감정을 많이 담을 수 있습니다. 마음이 적을수록 더 아플 수밖에 없습니다.

부정적인 감정이 쌓이면 자주 비워야 합니다. 자주 비워야 긍정적인 감정을 담을 공간이 생겨납니다. 자주 비워주려면 나의 감정과 대화를 나눠야 해요. 앞에서 연습한 대로, '내 감정에 이름 붙이기-이 감정이 왜 생겼지?-소망 알기-행위 선택'의 과정을 밟아보세요.

살다 보면 너무 화가 나고 분노가 치밀어서 참기 힘들 때도 많습니다. 그럴 만한 이유가 충분할 때는 표출하는 게 당연합니다. 부정적인 감정을 너무 억누르면 병이 생기죠. 낮에는 몸이 아프고 밤에는 악몽을 꾸게 됩니다. 이걸 '울화병'이라고 합니다. 그렇다고 감정을 전혀 조절하지 않고 내키는 대로 뿜어내면 미친 말처럼 날뛰게 됩니다. 주변 사람들이 나를 피하게 되고, 관계는 서서히 끊어지게 되겠죠. 내 속의 부정적인 감정들을 잘 다루는 방법을 배우고 실천해야 합니다. '잘 비우기'가 중요해요.

타고나기를 마음그릇이 크고 두꺼운 사람이 있고, 작고 얇은 사람이 있어요. 마음그릇이 작고 얇은 사람일수록 더 아파요. 독이 든 말과 칼이 된 말에 쉽게 금이 가고 깨지죠. 마음을 담는 그릇이 작은 사람일수록 자주 비워야만 부정적인 감정들이 넘쳐서 주변을 오염시키는 일을 막을 수 있습니다. 슬픔, 우울, 분노, 절망과 같은 감정들은 저절로 삭아 없어지지 않아요. 곁에 있는 긍정적인 감정들까지 흡수하여 몸을 불리는 강력한 힘을 지니고 있습니다. 그러므로 자주 비워야 그 빈 곳에 기쁨, 희망, 평안함, 너그러움 같은 긍정적인 감정이 채워집니다. 그러면 어떻게 비울 수 있을까요?

종이에 써보는 것도 하나의 방법입니다. 내 감정을 객관적으로 볼 수 있으니까요. 왜 이런 감정이 생기는지 스스로 묻고 답해보세요. 감정을 억누르거나 묵히지 말고, 충분히 느끼고 구체적인 이유를 알아내세요. 그런 다음에는 해소할 방법을 찾으면서 내 감정을 잘 보살펴가며 살아야 합니다. 내 부정적인 감정이 화병으로 발전하면, 가족과 주변 사람들에게도 전염됩니다.

또 다른 방법은 지금 내가 겪고 있는 문제에 대해 조언을 해줄 사람을 찾는 것입니다. 내 말을 '잘 들어줄 한 사람'을 찾는 거죠. 그런 지혜로운 존재가 가족 안에 있다면 얼마나 좋을까요? 부부가 서로에게, 부모가 자식에게 가장 믿음직한 상담자가 되어준다면 가장 이상적일 것입니다. 그러나 참 어려운 일이죠.

상담 현장에서 설문조사를 해보면 성인들은 나에게 가장 상처 주는 말을 많이 하는 대상으로 1위 배우자, 2위 부모님, 3위 직장상사를 꼽았어요. 청소년들은 1위 엄마, 2위 아빠, 3위 선생님을 꼽았습니다. 성인과 청소년 모두 '내가 가장 사랑하는 사람'은 가족을 꼽았습니다. 왜 우리는 사랑하면서도 서로 상처를 주는 것일까요?

나를 무조건 지지하고 믿어주고 받아줄 존재인 가족. 고맙고도 고마운 존재죠. 하지만 그걸 표현하지 않으면 못 느껴요. 그 마음을 아낌없이 표현할 때 '무엇이든 할 수 있다'라는 자신감과 '나는 소중한 존재다'라는 자존감을 가지게 됩니다. 어른, 아이 할 것 없이 모두가 마찬가지예요. 내 얘기에 귀 기울여 줄 사람이 한 명만 곁에 있어도 마음이 쉽게 다치지 않아요.

행복과 불행은
'생각하는 습관'대로

●   긍정적인 사람은 '현재'를 생각하지만, 부정적인 사람은 '과거'에 집착합니다. 돌이킬 수 없는 과거의 일 때문에 현재가 더 외롭고 고달파집니다. 과거의 일 때문에 현재에 눈물 흘리고, 미래를 생각해도 한숨만 나오고요.

과거에 집착하는 사람들에겐 세 가지 특징이 있어요.

지난날을 생각하면 후회와 자책이 밀려온다.

주변 사람들과 비교해보면 내 삶이 불행한 것 같다.

그래서 자괴감에 빠진다.

나와 비슷했던 친구가 나보다 잘 사는 것을 보면

시기하고 질투하는 마음이 생겨서 괴롭다.

과거에 집착하고 현재를 불행하다고 느끼는 것도 하나의 습관입니다. 더욱이 아주 고질적이어서 잘 고쳐지지 않는 습관이죠. 먼저, 다음 질문에 답해보세요.

사는 게 힘들다는 생각을 자주 하나요?
인간관계에 자신이 없고, 사람 사귀는 게 전혀 즐겁지 않은가요?
미래를 생각하면 가슴이 답답한가요?

셋 다 해당한다면 현재의 상황을 불행으로 몰고 가는 사고 습관이 만성화되어 있는 것입니다. 같은 상황을 행복한 상황 또는 불행한 상황으로 만드는 데 외부적 요소가 60퍼센트라면, 스스로 창조할 가능성이 40퍼센트래요. 행복과 불행도 자신의 사고 습관을 어떻게 바꾸느냐에 따라 달라질 수 있다는 말입니다. 사고 습관이 바뀌면 행동도 바뀌니까요.

나이가 들수록 사고 습관이 나의 현재를 만듭니다. 비슷한 성향의 사람들끼리 관계를 맺게 되고, 나의 성향과 인간관계가 나의 미래를 결정하죠. 하지만 늘 긍정적으로 생각하고, 행복한 상황을 창조하려 애쓰는 습관을 갖기는 쉽지 않습니다. 국제임상심리학회지에 실린 내용에 따르면, 사람들이 계획을 세운 대로 살 확률은 8퍼센트 미만이라고 해요. 계획은 세웠지만 그에 걸맞지 않은 습관에 따라 행동하기 때문이죠. 습관을 고치는 게 어려운 이유는 우리 뇌가 현재의 습관을 유지하려는 관성을 갖고 있기 때문입니다.

"잘 참는 사람으로 살아왔다고 생각했는데, 제 속에 좌절과 분노가 자꾸 쌓여요. 남들 앞에서 할 말도 제대로 하지 못하고 혼자 끙끙 앓는 바보 같은 저 자신 때문에 스트레스가 너무 큽니다."

"전 매사에 죄책감을 많이 느껴요. 이것도 내 탓, 저것도 내 탓……. 다 나 때문에 잘못된 것 같고, 내가 불행한 사건의 원인을 제공한 것 같아서 괴로워요."

자신을 괴롭히는 나쁜 습관 중에 가장 무서운 것이 '비합리적 사고', 즉 부정적이고 건강하지 않은 사고를 하는 거예요. 매사에 '내 잘못이야, 내가 참아야지'라고 생각하는 것 말입니다. 그런 죄책감을 느끼면서 '나는 착한 사람'이라고 착각하곤 하죠.

그래선 안 돼요. 일시적인 자기위안은 될지 몰라도, 마음에서 우러나오는 기쁨이 없잖아요? 내 삶을 병들게 하는, '나에게 참 나쁜' 사고방식을 가진 거죠. 실제로 남들이 나를 착하다고 인식하지도 않아요. 스스로 자기를 비하하는 생각과 말을 자주 하는데, 다른 사람이 어떻게 귀하게 여기겠어요. 오히려 '만만한 사람'이라고 인식하기 쉬워요.

내 속에 있는 규칙 중에는 비합리적인 규칙들도 많아요. 예를 들면, 구체적인 이유가 없는데도 가족이나 대인관계 안에서 안 좋은 일이 일어나면 '내가 불행의 원인'이라고 생각하면서 비현실적인 죄책감에 시달리는 거예요. 가족 중 누가 교통사고를 당해도 '나 때문'이라고 생각하고요. 심지어는 아이가 교통사고를 당해도 '내가 부족한 부모라서, 사랑을 더 주지 못해서 내 아이가 불행을 겪는 건 아닐까' 생각합니다.

잘 인식하지 못하지만, 부정적이고 비합리적인 사고체계가 만성화되어서 인생에 막강한 영향을 끼치는 경우가 많아요. 극심한 스트레스에 시달리며 인생이 불행해질 수밖에 없는 구조 속에서 사는거죠.

일상생활의 스트레스가 심한 사람 대부분이 죄책감, 불안, 강박, 좌절, 분노 때문에 괴로움을 겪는데요, 내 속에 있는 비합리적인 사고방식을 건강하고 합리적인 사고방식으로 전환하는 연습을 해야 해요. 생각하는 방식도 습관이거든요. 특히 부모님의 사고방식은 자녀 훈육 과정에서 그대로 배어나오기 때문에 아이들의 성격 형성에 많은 영향을 미치죠.

부단히 노력해서 사고방식을 바꾸지 않으면 '말'도 바뀌지 않습니다. 비합리적인 말, 부정적인 말, 죽이는 말을 입에 달고 살게 되는 거죠. 그럼 내 주변에 좋은 에너지를 가진 밝은 사람도 모여들지 않습니다.

그럼, 우선 두 가지를 연습해볼까요?

첫째, '나 자신을 미워하는 마음'을 버려야 합니다.

'내가 하는 일이 다 그렇지 뭐', '난 왜 늘 이 모양일까?' 같은 생각을 자주 하는 사람들은 자신에 대한 미움이 강한 사람들입니다. 나를 비하하고 질책하는 말부터 버려야 해요. 생각의 구조도 그렇게 굳어버리니까요. 스스로를 이렇게 질타하는 사람들이 자녀에게도 이렇게 말합니다.

"네가 하는 일이 다 그렇지 뭐!"

"넌 왜 맨날 그 모양이냐?"

둘째, '과잉 일반화'하지 않아야 합니다.

살다 보면 누구나 다른 사람에게 거절당할 수도 있고, 연애하다가 헤어질 수도 있습니다. 그럴때 '나는 늘 거절당해', '나는 왜 이성에게 인기가 없을까?'라고 생각하는 건 과잉 일반화하는 거예요. '이 사람과 나는 인연이 아닌가 보다' 생각하면 되죠.

시험에 도전했다가 떨어질 수도 있고, 일하다 만난 사람이 나를 무시할 수도 있어요. 그럴 때 '나는 시험 운이 없어', '사람들은 왜 다 나를 무시할까?'라고 생각하는 것도 과잉 일반화입니다. '떨어졌네. 다음엔 잘 봐야지', '저 사람, 참 사람 볼 줄 모르고 예의도 없는 사람이네'라고 생각해야죠. 나에게 일어난 일을 부정적으로 '과잉 일반화' 하는 사고는 나를 점점 더 불행 속으로 몰아넣고 말아요.

비합리적 사고와 부정적 사고가 스트레스를 만듭니다. 생각의 습관을 바꿔보세요.

박상미의
고민 상담실

나를 미워하는 마음이 있었나요?
비합리적 사고와 부정적 사고가
습관이 되어 나를 미워한 건 아닐까요?
생각과 감정은 선택하는 것! 나를 칭찬하고,
매사에 감사하는 습관을 익혀봅시다.

❶ 이제껏 내가 가지고 있었던 부정적 생각, 감정을 이곳에 마음껏 뱉으세요.

❷ 매일 세 문장, 칭찬 일기를 쓰세요.

❸ 매일 세 문장, 감사 일기를 쓰세요.

생각과 감정에도
훈련이 필요해요

"힘들어 죽겠어. 아, 정말 그만 살고 싶어."

"엄살 좀 작작 떨어. 그만 살고 싶다고 노래 부르는 게 20년이 넘었어."

"야, 힘든데 어떡해. 왜 나만 이렇게 힘든지 모르겠다. 하루하루가 절망스럽고 외롭기만 해."

"너 또 '힘들어 병'에 걸렸구나! 만성 질환이 되기 전에 탈출해야 해!"

제 소꿉친구와 주고받은 문자예요. 저도 한때 힘들다는 말을 입에 달고 살았습니다. 그런데 그 단어를 발음할수록 더 힘들고 내 인생이 무거워져서 '아, 그만 힘들고 싶다! 그만 살까?' 하는 생각이 덮쳐오더라고요. 부정적인 사고방식이 만성화되니 놀라운 속도로 자살을 생각하기에 이르렀어요. 어느 날, 정신이 번쩍 났습니다. 사고습관이 뇌를 병들게 했구나⋯⋯. 생각이 감정을 낳고 행동을 유발하는 거구나⋯⋯.

신체 습관보다 사고 습관을 바꾸는 게 먼저입니다. 생각이 바뀌면 감정도 바뀌고 몸도 같이 움직이기 때문이죠. 같은 상황에서 부정적인 생각이 먼저 작동하는 사람은 우울하고 외롭고 절망적인 감정에 빠지기 쉽습니다. 무기력한 상태가 지속되고, 무기력이 만성화되면 우울과 공황장애를 불러올 수 있습니다. 다양한 공포증이 생겨서 행동의 폭이 급속도로 좁아지기도 하죠.

누구에게나 삶은 힘듭니다. '왜 나만 힘들까?'라고 생각하는 것은 한편으론 자기 생각만 하기 때문이에요. '힘들어 병'에 걸리면 자기연민에 빠지게 되고, '나는 피해자'라는 생각에 젖게 돼요. 나를 떠올리면 외로운 감정이, 남을 떠올리면 원망의 감정이 밀려옵니다. 그러다 점차 대인관계에서도 흑백논리를 적용하게 됩니다. 모든 사람을 '나를 도와주는 사람'과 '나를 힘들게 하는 사람'으로 나누게 되죠. 그러면 누군가를 처음 만날 때마다 '나를 힘들게 할 사람이 아닐까?'의심하는 마음이 앞서기 때문에 사람을 만나고 사귀는 게 두려워집니다.

인간관계에서 피해망상에 빠지는 경우도 많습니다. 자기만 힘들다고 생각하는 사람은 어떤 상황을 만나든 자신을 피해자라고 인식합니다. 자칭 피해자들은 타인에게서 내 불행의 원인을 찾고, 원망하고, 불평합니다. 그러면서 주변 사람들에게 끊임없이 이야기하죠.

"나 정말 힘들겠지? 내 상황 최악이지?"

그 말에 설득력을 더하려고 자신이 처한 상황과 주변인들을 원망하고 질타하는 말을 늘어놓습니다. 하지만 인생의 주어가 내가 아닌 타인이 되어버리면, 그야말로 인생이 힘들어지고 맙니다. 타인들이 나에게 어떤 피해를 줄지 모른다는 생각에 일어나지도 않은 미래에 대해 걱정과 불안과 공포를 느낄 수밖에 없거든요. 불행으로 자신을 몰아가는 가장 쉬운 방법이 "힘들어!"를 입에 달고 사는 것입니다.

모든 사람은 행복을 조정하는 능력을 갖추고 있습니다. 그건 생각하는 방식에 달려 있어요. 긍정적인 사람에게 인생의 주어는 항상 '나 자신'입니다. 그들은 힘든 상황이 생기면 '이번 일은 잘 안 됐네. 내가 정한 목표가 잘못된 건 아닐까? 다음엔 어떻게 대처해야 할까?' 하고 생각합니다. 인간관계에 문제가 생기면 '내가 저 사람의 마음을 상하게 할 만한 실수를 했을까?' 생각해보고, 있다면 사과하고 관계를 개선할 방법을 찾습니다. 내 잘못이 딱히 없는데 상대가 지나치게 예민하게 반응하거나 삐뚤어진 생각을 가지고 있다면, 거리와 시간을 두고 상황을 객관화해서 지켜봅니다. 성급히 관계를 끊어버리거나 상대를 비난하는 부정적인 선택을 서두르지 않습니다.

내가 주체가 되어서 긍정적인 상황으로 생각을 전환하려는 노력을 해봅시다. 이때 머릿속으로 생각만 하지 말고, 글로 써보는 게 좋습니다. 현재 상황과 나의 감정을 글로 써보고, 상황을 긍정적으로 사고해나가는 과정과 감정의 변화도 글로 써나가는 거예요. 긍정적으로 생각하고 내 감정을 선택하고 행동하는 습관을 몸에 배게 하는데 효과적입니다.

사고 습관을 바꾸어야 행동이 바뀌고 인생이 바뀝니다. 나쁜 습관을 버리고 좋은 습관을 만들려면 전략이 필요해요.

같은 상황에서도 긍정적인 생각을 하고 행복을 창조하기 위해 노력하는 습관을 들이려면, '칭찬일기'와 '감사일기'를 쓰는 것부터 시작해보세요. 잠들기 전에 오늘 내가 잘한 일 3개를 칭찬하고, 오늘 하루 내게 일어난 일 중 감사할 일 3개를 찾아서 기록

하는 거예요. 그러면 1년 동안 칭찬 1,095개, 감사 1,095개가 쌓인답니다.

우리는 칭찬 한 번 들을 때, 비난은 서른두 번을 들으며 살아간다고 합니다. 그러니 얼마나 힘들겠어요? 칭찬을 받으면 기분이 좋아지는데 어른이 될수록 칭찬받을 일도, 칭찬해주는 사람도 줄어들죠. 하지만 칭찬을 꼭 남에게 기대할 필요는 없습니다. 내가 나를 칭찬하면 돼요.

마음치유 수업을 할 때 꼭 숙제로 내주는 게 있어요. 칭찬일기와 감사일기를 쓰는 것입니다. 교도소와 소년원에서 마음치유 수업을 할 때도 이 숙제를 내줬어요. 처음엔 다들 하기 싫어하더군요. 칭찬받을 게 많은 사람이라면 여기 들어왔겠냐고, 세상이 원망스러울 뿐인데 감사할 일이 있겠냐고……. 그런데 시간이 지날수록 숙제를 해오는 사람들이 점점 많아졌어요. 칭찬할 일, 감사할 일이 '하나도' 없다고 했던 사람들인데 말이지요.

한번은 살인이라는 죄를 짓고 들어온 분이 제게 '칭찬을 찾는 방법'을 알려달라고 했습니다. 저는 방법 대신 질문을 드렸어요. 바로 '지문은 나의 장점일까, 아닐까?'라는 질문이었어요.

다음 주에 갔더니 그분이 이런 문장을 써서 발표를 했어요.

"나에겐 남에게 없는 무늬가 10개나 있다."

"감사할 일을 자꾸 찾다 보니, 예전엔 당연하다고 생각했던 것들에서 감사하는 마음이 생겨난다. 감사를 찾는 게 습관이 된 것 같다. 그게 감사하다."

'남에게 없는 나만의 무늬'가 뭔지 아세요? 바로 '지문'이에요. 그분은 열 손가락을 활짝 펼쳐 보이며 웃다가, 펑펑 눈물을 흘렸어요. 충분히 반복해서 행동을 입력해놓으면, 우리 뇌는 기억세포를 만들어냅니다. 그게 평생 습관이 되는 거죠.

인생을 허비하는 시간!
걱정 버리기 연습

우리 집에는 '걱정 선수'가 한 명 있어요. 엄마예요. 온종일 가족을 따라다니며 걱정을 하시죠. 일어나지 않은 모든 상황에 대해 엄마는 항상 '만에 하나 일어날 수도 있는' 안 좋은 일에 대비하라고 조언하고 또 하십니다.

어렸을 때는 가족에 대한 사랑이 큰 만큼 걱정도 크신 거라고 생각하고 순종하려 애를 썼어요. 하지만 나이를 먹을수록 모든 일에 걱정이 태산인 엄마와 함께 지내는 게 힘들어지기 시작했어요. 하고 싶은 일을 하지 못할 때가 많고, 가고 싶은 곳도 갈 수 없을 때가 많으니까요. 새로운 일에 도전할 때는 '부정적 결과에 대한 예측과 계산'을 하고 또 하며 '신중하라'를 강조하는 엄마와 매번 마찰이 일어났어요.

'신중하라'라는 엄마의 조언은 귀담아들어야 할 때도 많았지만, 부정적인 사고에 길들어 있는 엄마와 함께 살다가는 내 사고방식도 물들 것만 같아서 일찍 독립을 선언했습니다. 나는 매사에 지나치게 긍정적인 생각으로 덤비기에 실수할 때가 많아요. 하지만 일어나지 않은 미래의 일을 걱정하느라 도전조차 하지 못하는 삶을 살고 싶지는 않았습니다. 도전하고 실패하고 실수하면서 얻는 교훈도 적지 않잖아요.

엄마의 말과 사고방식은 가족에게 전염돼요. 그것으로 끝이 아니라 내 자식에게까지 대물림될 수 있어요. 걱정이 많은 사람은 대개 앞으로 일어날 상황을 부정적으로 인식하는 경향이 강해요. 이런 성향의 사람들은 흑백논리로 자신이 처한 상황을 평가하려 하죠.

도전한 일이 실패로 돌아갔을 때, 긍정적인 사고를 하는 사람들은 '이번엔 실수했네. 다음엔 잘해야지'라고 반응하는 반면, 부정적인 사고를 하는 사람들은 '또 실패했어!'라고 반응합니다. 어쩌다 한 번 실수할 수도 있는 일을 '실패'라고 규정짓는 것은 모든 상황을 대할 때 '성공의 반대는 실패'와 같이 흑백논리로 접근하기 때문입니다.

또 과잉 일반화 성향도 강합니다. 어쩌다가 지나치게 예의를 지키지 않는 사람을 만나면 '저 사람은 좀 예의가 없는 사람이네'라고 반응하지 않고 '사람들은 나를 왜 만만하게 볼까?' 하고 과잉 일반화합니다. 여기서 더 나아가 과거의 기억까지 호출해서 무시당하는 자신에 대해 속상해하죠. 예의 없는 그 사람이 문제가 있는 것이고, '나는 타인에게 만만하게 보이는 사람'이라고 자기비하를 할 필요가 없는데도 말입니다.

이런 성향을 가진 사람들은 자신에 대한 강박도 강해서 '꼭 ○○○를 해야만 해!', '그렇게 하는 것은 절대 안 돼!'라고 자신을 통제할 때가 많습니다. 스스로 정한 규율을 깼을 때는 죄책감과 자기혐오에 시달리고, 부모가 됐을 때는 자녀에게도 그러한 규율을 정하고 지키기를 강요하죠. 타인이 그러한 규율을 깼을 때는 분노와 실망을 감추지 못합니다.

자신에게 좀 더 관대해지고 자신을 좀 편하게 풀어줄 필요가 있어요. 사실 앞에 나열한 성향의 사람들은 지나치게 도덕적이고, 남에게 피해를 줘선 안 된다는 생각이 강한 사람들이죠. 하지만 나도 힘들고 가족도 힘들게 하는 부정적인 성향에서 벗어나야 합니다.

나를 늙게 하고, 내 인생의 폭을 좁게 하는 걱정 버리기를 연습해봅시다. 어떤 상황이 내 앞에 닥쳤을 때, '걱정'하지 말고 '생각'을 하세요. '걱정을 해서 상황이 나아질 수 있는가?' 하고 따져보는 거예요. 걱정이 상황을 변화시킬 수 있는 경우는 거의 없습니다. 티베트에는 이런 속담도 있어요.

"걱정을 해서 걱정이 없어지면, 걱정이 없겠네!"

답이 없는 걱정은 자동차 공회전과 같아요. 앞으로 나가지도 않으면서 대기를 오염시키고, 에너지를 낭비하는 공회전 말이에요. 가족이 들이마시는 공기를 오염시키고 나의 에너지를 낭비하는 걱정을 버리고, 같은 상황을 긍정적으로 다시 평가해보는 '생각'을 해야 합니다.

행복을 창조하는
기억세포를 만드는
사고 습관

●   같이 살다 보면, 부부 사이에도 부모 자식 사이에도 장점은 가려지고 단점만 커 보입니다. 애써 노력해서 장점을 찾아내야 합니다. 가족치유 상담을 할 때 꼭 내주는 숙제가 있어요. 나를 칭찬하기 3개, 감사하기 3개 그리고 다음 네 가지를 써오는 것입니다.

1. 상대에게 상처받은 일 10개

2. 상대에게 부탁하고 싶은 일 10개

3. 상대에게 고마운 일 10개

4. 상대를 칭찬하고 싶은 일 10개

사람들은 보통 1, 2번은 20개, 30개씩 잘 써 와요. 그런데 3, 4번은 '하나도 없다'라고 써 옵니다. 상대의 장점 찾기를 무척 힘 들어하는 거예요.

서로 칭찬할 게 하나도 없고, 장점이라고는 찾으려야 찾을 수 가없다고 말하는 사람이 많아요. 그런데 처음엔 한두 개 겨우 찾다가, 훈련을 계속하면 장점을 보는 눈과 마음이 생겨나요. 연 습을 해야 실력이 되는 게 '장점 찾기'입니다. 안 좋은 기질은 수 용하고, 좋은 성격을 키워주세요. 마음을 달리 먹으면 단점으로 보이던 것도 장점으로 생각할 수 있습니다.

상담을 하면서 한 부부를 만났습니다. 예순다섯의 동갑내기 부부였는데요, 40년을 함께 살면서 이혼하기 위해 법원에 다섯 번을 다녀오셨다더군요. 그러면서 이제는 자녀가 다 결혼했기 때 문에 각서를 이행하기로 했다는 거예요. 각서의 내용은 '아이 셋 을 결혼시키고 나면 이혼하자'였어요. 그런데 아내분이 '금방 시 집온 며느리 보기도 민망하니 조금만 더 살다가 이혼하자'라고 남편을 설득해서 저를 찾아오신 거예요. 그래서 제가 가족치유 수업을 할 때 항상 내주는 숙제를 해오도록 했어요.

이 부부도 다른 사람들과 마찬가지였어요. 3, 4번에 적을 게 없다는 거예요. 남편분이랑 상담을 하면서 "아내에게 가장 상처받은 게 뭐예요?" 하고 여쭤봤어요. 그랬더니 잠시 가만히 있다가 얘기를 꺼내셨어요.

"집에서 똥 한 번 맘 편히 눠본 적이 없는 가장의 심정을 알아요?"

그분 눈에서 눈물 한 줄기가 흘러내렸어요. 아내랑 싸우고 관계가 안 좋을 때마다 아내가 이렇게 말했대요.

"안방 화장실에서 큰일 좀 보지 마! 안방 화장실 쓰지 말고 거실 화장실 쓰라고! 당신 똥 냄새 맡으면 토할 것 같아!"

아내가 싫어한 게 과연 남편의 똥 냄새였을까요? 남편에 대한 불만이 그런 식으로 터져 나온 거죠. 나를 사랑해주지 않는 것, 나를 평소에 따뜻하게 대해주지 않는 것, 자식들 앞에서 무시하는 것……. 남편에게 상처받은 모든 감정이 이렇게 표출된 겁니다. 감정을 말로 표현하는 데 미숙하니까, "똥 냄새 싫어!"로 표현이 된 거예요.

하지만 남편 분은 그 말을 듣고 무척 괴로웠대요.

'집에서 똥조차 마음 편히 못 누는 내가 가장인가? 헛살았구나. 이혼해야겠다.'

저는 포기하지 않고 두 분을 계속 연습시켰습니다. 나의 장점을 찾는 연습, 나를 칭찬하는 연습, 서로에게 감사할 거리를 찾는 연습, 서로를 칭찬하는 연습을 지속적으로 같이 했어요. 그랬더니 놀라운 결과가 나타났습니다. 9주 차에 남편분이 아내의 장점을 드디어 써오셨어요.

'내 아내는 늙었지만 미인이다.'

아내분한테 보여드렸어요. 아내의 반응은 어땠을까요? 통곡을 하셨어요. 살면서 처음으로 남편에게 '미인이다'라는 말을 들어 봤다는 거예요. 너무나 좋아하시더라고요. 10주 차엔 처음으로 아내가 남편의 장점을 써 왔어요.

'내 남편은 장이 튼튼해서 매일 변을 본다.'

마음을 바꾸면, 생각하는 연습을 하면 상대의 가장 싫었던 단점도 장점으로 바뀔 수 있습니다. 나쁜 감정과 묵은 감정을 비워 내고 그 자리를 좋은 감정으로 채워야겠죠? 가장 좋은 방법이 칭찬하는 겁니다. 그분들은 지금 잘 지내고 계시냐고요? 네, 하루에 한 가지 서로를 칭찬하는 실천을 하며 잘 살고 계신답니다.

나를 칭찬하고 감사할 일을 자꾸 찾다 보면, 우리 뇌는 남을 볼 때도 칭찬할 일을 찾고 감사할 일을 찾게 됩니다. 사고 습관을 바꾸면, 행복을 창조하는 기억세포가 만들어진다는 것 잊지 마세요.

단순하게 생각해 바보야!
키스의 법칙을 아세요?

• 복잡함을 금지하는 원칙을 '오컴의 면도날Occam's razor'이라 합니다. 이론은 간결해야 하며 불필요한 개념은 면도날로 밀어버려야 한다는 원칙입니다. 과학에서도 단순한 이론이 결국 이겨요. 단순한 이론은 검증이 쉽고, 정밀한 과학에서는 수학적 모델을 만들기도 쉽습니다. Keep It Simple, Stupid! 키스의 법칙이 필요한 이유입니다. 고생만 실컷 하고 일을 망치는 사람들의 공통점은 계획을 복잡하게 세운다는 것! 단순한 계획을 세우고, 단순하게 생각하는 사람들이 어쨌거나 결정을 잘 하고, 답을 찾을 확률이 높습니다. 과학에서도 복잡한 이론은 검증하기 힘들고, 연구를 엉뚱한 방향으로 끌고 갑니다.

인생도 마찬가지! 복잡한 생각과 고민은 인생을 망치는 지름길입니다.

저는 오랫동안 '결정을 잘 못하는 성격' 때문에 고생했어요. 더 좋은 선택을 하려고 밤새 고민하고 결정하고 뒤집고, 결정하고 뒤집고⋯⋯ 그래서 더 좋은 결정, 흡족한 선택을 했느냐고요? 어느 날 돌아보니 내 인생이 엉뚱한 방향으로 가고 있었어요.

생각이 복잡해져서 머리가 터질 것 같을 때는 당장 '키스'를 외치세요. "Keep It Simple, Stupid!" 단순한 생각이 복잡한 생각을 이깁니다.

스트레스가 너무 심하다고요?

- 스트레스가 왜 생기는지 알면 대처할 수 있어요. 욕구가 강한 사람일수록 스트레스 지수가 높습니다. 스트레스는 욕구는 강한데 현실이 욕구를 해결하지 못할 때 나타나는 것입니다. 스트레스를 줄이려면 먼저 나의 욕구를 수정하는 게 좋습니다.

재수 없는 상사 때문에 회사 다니기 싫지만, 그만둘 수는 없어서 스트레스 받는 직장인들의 고민 상담을 자주 합니다. 이게 '회피-회피 갈등'입니다. 이 경우 우리는 두 가지를 꿈꿉니다.

1. 재수 없는 상사가 회사를 스스로 그만두면 좋겠다.
2. 재수 있게 변해서 나한테 좀 잘해주면 좋겠다.

하지만! 꿈 깹시다. 이런 일은 일어나지 않아요. 이런 황당한 꿈을 꾸면 나만 더 스트레스 받습니다. 회피하고 싶어서 회피 갈등이 일어날 땐, 내 생각을 바꿔야 합니다. 자, 다음 문장을 그대로 따라 쓰고 소리 내어 읽어도 보세요. 생각을 바꾸는 데 큰 도움이 됩니다.

어느 회사나 재수 없는 상사는 당연히 있다.
이 사람도 알고 보면 괜찮은 사람일 거야.

이 사람과 잘 지내며 일하는 게 내 월급의 70퍼센트.
내 월급의 70퍼센트면 내가 사고 싶은 [   ]를 살 수 있고,
내가 가고 싶은 [   ]에도 갈 수 있다.

• 어떤가요? 조금 참을 만해지나요?

스트레스에 효과적으로 '대처coping'하는 방법입니다. 상사가 회사를 그만두거나 갑자기 재수 있게 변할 수 없는 문제라면, 문제를 없애는 '문제 중심적 대처'는 불가능합니다. 내 생각을 바꾸는 '정서 중심적 대처'를 하는 게 현명합니다.

도저히 감당이 안 되는 문제는? '폴리애나'를 외치세요.

• 도저히 감당이 안 될 때는 적극으로 대처하는 것을 포기하세요. 대처하려고 너무 많은 궁리를 하다 보면, 일을 더 망칠 수도 있어요. '될 대로 되겠지!', '어떻게든 되겠지!'라고 생각하세요. 심리학자들이 자주 언급하는 '폴리애나 현상pollyanna hypothesis'이 바로 '어떻게든 되겠지'라고 생각하는 거예요. 엘리너 포터가 1909년에 쓴 동화 『폴리애나』의 주인공 폴리애나는 고아인데도 항상 밝고 긍정적인 생각을 선택하는 아이죠. '낙천적인 사람'을 상징하는 이름이 '폴리애나'예요.

모든 일은 어떻게든, 언젠가는 마무리됩니다. 용쓸수록 더 힘들기만 해요.

지금까지 우리는 생각과 감정에 대해 공부했어요. 사고하는 습관을 바꾸고, 내 감정의 주인이 되는 연습을 하면, 지금보다 더 편해진 나 자신을 만날 수 있을 거예요. 자, 이번에는 사랑과 이별에 대해 이야기해볼 거예요. 아파도 힘들어도 우리는 평생 사랑을 꿈꾸니까요. 상처받아도 또 앓고 싶은 병이니까요.

3장

사랑과
이별

사랑이 곪아서

이별이 되지 않으려면

여자의 언어는
해석이 필요해

　• 　　　남자와 여자는 기억을 저장하는 방식이 서로 다릅니다. 여자는 감정 위주로 기억하고, 남자는 사실 위주로 기억합니다. 남자들은 중요한 사실만을 기억하려 하지만 여자들은 주변의 구체적인 상황과 사람들, 교류할 때의 느낌과 감정까지도 상세히 기억하려 합니다. 즉, 여자들은 사실은 물론 세세한 감정까지 기억하죠.

　여자들은 갈등 상황에서 사실관계가 해소되고 오해가 풀리고 사과를 받더라도, 이미 상한 감정 문제가 해소되는 데는 남자보다 오랜 시간이 걸립니다. 상대가 나의 감정에 공감해주고 기다려주길 바라지요. 감정에 대한 기억을 금방 잊는 남자들은 시간이 지날수록 감정은 물론이고, 싸웠다는 사실조차 잊어버리는 경우가 많습니다. 그래서 아무 일도 없었던 것처럼 행동할 수 있는 것입니다. 그럴 때마다 여자들은 그의 무심함에 또 섭섭해지고, 내 남자가 너무 내 마음을 몰라주는 것 같아서 속상합니다.

프랑스 작가 앙드레 모루아가 말했습니다. "가장 놀라운 기억력은 내 여자의 기억력이다." 남자들은 여자들의 신기한 기억력에 깜짝 놀랄 때가 많습니다. 특히 갈등 상황에서 말싸움을 하게 되면, 이미 잊어버린 과거의 일을 구체적으로 기억해내는 '내 여자의 기억력'은 신기하기까지 하죠.

모든 연인과 부부에게는 행복했던 추억, 상대에게 고마웠던 기억이 있습니다. 그런데 시간이 지날수록 고맙고 행복했던 기억보다 상대에게 상처받고 섭섭했던 기억이 더 생생하게 떠오릅니다. 왜 그럴까요? 여자들은 왜 과거의 기억까지 소환해서 싸움을 더 키우는 걸까요?

인간의 뇌 속에 기억을 저장하는 영역은 감정을 저장하는 영역 바로 옆에 있습니다. 뇌는 부정적 감정을 긍정적인 감정보다 1.4배 강하게 받아들이고, 부정적인 기억을 긍정적인 기억보다 3배 오래 저장합니다. 그래서 행복하고 고마웠던 감정과 연결된 기억보다 섭섭하고 가슴 아팠던 감정과 연결된 기억이 더 많이 떠오르는 것입니다. 특히 여자의 뇌는 남자의 뇌보다 감정과 기억 영역이 더 긴밀하게 교류하기에 한 번 상한 감정을 쉽게 잊지 못합니다. 그래서 싸울 때마다 과거를 불러오고, 남자들은 '신기한 내 여자의 기억력'에 놀라고 상처받는 것입니다.

> 여   당신은 작년에도 그랬어. 기억 안 나? 어쩜 하나도 안 변할 수가 있어? 구제 불능이야.
>
> 남   또 그 얘기야? 나는 언제쯤 과거에서 풀려나는 거야? 정말 나는 기억이 잘 안 나. 오늘 일만 가지고 얘기하자고!

이럴 때 남자들은 정말 진땀을 흘립니다. '정말 기억이 안 나는데, 그리고 다 끝난 일이라고 생각하고 잊었는데…….' 이럴 때 여자들은 정말 섭섭합니다. '또 기억이 나지 않는다고 발뺌하네. 나에게 이렇게 무심할 수가…….'

이런 싸움이 거듭되다 보면 꼭 나오는 말이 있습니다.
"헤어지자."
여기서도 남녀의 차이를 기억해야 합니다. 여자들의 '헤어지자'라는 말을 있는 그대로의 사실로 받아들여서는 안 됩니다. 여자들의 언어는 마음으로 다시 한번 해석해야 합니다.

"나 지금 속상해. 내 마음 좀 알아주면 안 돼? 내 감정이 풀릴 때까지 좀 기다려주면 안 돼? 내 맘을 이렇게 몰라주는 것을 보니, 당신이 나를 사랑하지 않는 것 같아서 나는 지금 너무 속상하고 가슴 아파."

남녀 간의 차이를 공부해야 상대를 이해하는 폭이 넓어지고 싸움을 줄일 수 있습니다. 상대가 나를 사랑하지 않는 게 아니라, 우리는 지금 서로의 차이를 읽지 못해서 오해하고 있는 거니까요.

여자와 대화를 잘하려면 '속말'을 해석하는 능력을 길러야 합니다. 남자들에게 이 말을 하면, 다들 깊은 한숨을 쉬며 외칩니다.

"머리 아파요."

"너무 복잡하고 어려워요!"

서로의 차이를 조금만 공부하면 우리는 잘 싸우고 잘 화해하면서 동성보다 더욱 단단한 신뢰 관계를 만들 수 있습니다. 여자의 언어는 남자가 생각하는 것보다 너무 복잡해서 설명하기 어려운 게 사실입니다.

저도 제 마음을 언어로 표현하기 어려울 때가 많습니다. '내

맘도 몰라주고 어떻게 나를 사랑해'라는 유행가의 가사가 딱 제 마음입니다. 여자들은 '나를 사랑하는 남자는 내 마음을 읽는 독심술을 가져줬으면 좋겠다'라고 생각하고, 그건 나를 사랑하는 크기에 비례한다고 생각합니다. 그래서 말하지 않는 내 마음을 상대가 몰라주면, 갑자기 세상에서 가장 초라한 여자가 돼버린 것만 같아서 속상하지요.

'복잡하고 다양한 감정'으로 타인과 소통하는 내 여자와 잘 지내려면, 남자들은 '여자의 감정 언어'를 파악하고 여자가 발음한 '음성 언어'도 반드시 해석을 해서 종합적으로 이해해야 합니다.

여   아직도 내 말이 무슨 말인지 모르겠어?

남   응. 모르겠어.

여   모르는 척하지 마. 내 말을 무시하지 말라고. 그 만하자.

남   왜 화났는지 말도 안 해놓고, 뭘 그만해?

여   말이 안 통해. 머리 아파.

남   머리 아파? 약 줄까?

여   이래서 당신은 안 된다는 거야. 아직도 내 말을 못 알아듣잖아……

남녀 사이의 갈등으로 생긴 남자의 두통은 약으로 완화되지만, 여성의 두통은 약으로 해결이 안 됩니다. 남자는 오늘 일어난 사건과 사실에 근거해서 말하고, 이 문제를 풀어야겠다는 목적을 가지고 이성적인 대화를 하길 원합니다. 뇌의 기억 영역이 그렇게 시키는 거죠. 하지만 여자의 뇌는 사실을 처리하는 기억 영역과 감정 영역이 긴밀히 교류하면서 지금 내 감정에 집중하게 합니다. 이 때문에 상대로 인해 상한 감정이 완전히 풀리기 전까지는 말로 화해를 하더라도, 이성적으로는 갈등이 해소된 것처럼 보이더라도, 상한 감정은 해소되는 데 시간이 걸리는 것입니다.

남자들은 치고받고 싸워도, 그 자리에서 화해하고 더 끈끈한 관계가 되는 경우도 많습니다. 남자들은 지금 일어난 싸움이 종결되면 싸움이 다 끝난 줄 알고, 아무 일도 없었던 것처럼 행동할 수 있습니다. 왜냐하면 오늘 일어난 사건이 사실관계가 정리되면서 종결됐고, 이 문제를 풀어야겠다는 목적이 해소됐으니까 우리는 다시 친해졌다고 믿어버리는 거지요. 그래서 내 여자의 감정 영역이 여전히 '섭섭함 모드'로 작동 중이고, 해소되는 데 시간이 걸린다는 걸 알아차리는 남자는 드뭅니다. 내 여자를 사랑하지 않아서가 아니고, 무시해서도 아니고, 남자의 뇌가 그런 것입니다.

싸운 후에 어떻게 화해를 시도하느냐는 질문에 30, 40대 남성들은 '스킨십'을 압도적인 1위로 꼽았습니다. 반대로 여성들은 가장 불쾌한 화해법으로 '스킨십'을 꼽았어요. 싸운 후에 남자친구가 또는 남편이 스킨십을 하려 할 때 가장 싫다는 여자들이 많습니다. 남성은 스킨십이 여성에게도 만병통치약일 것으로 착각해 다가가지만, 오히려 상황을 더 악화시키기 쉽습니다.

대화 이전에 남녀의 차이를 공부합시다. 사실 너무 복합적인 해석을 요구하는 여자라는 생명체와 대화하기란 참 힘든 일이지요. 남자, 당신들의 잘못이 아닐 때도 많습니다.

"아직도 내 말을 못 알아듣느냐"라는 여자들의 '겉말'은 "당신이 내 마음을 못 읽어줘서 속상해"라는 '속말'을 품고 있습니다. 반면, "모르겠다"라는 남자들의 대답이 품고 있는 속말은 없습니다. 여자들이 구체적으로 상한 감정을 설명하지 않으면, 남자들은 정말 모릅니다.

서로 사랑한다면, 이별하고 싶지 않다면 오늘부터 여자들은 자신의 감정을 '솔직하게' 상대에게 말하는 연습을 하세요.

내 감정을 알아맞혀 보라고 상대를 시험하지 마세요. 남자들은 내가 사랑하는 여자의 '속말'을 해석하려고 조금 더 노력해보

세요. 남녀 차이를 알면, 감정이 통하고 대화가 통합니다. 그래야
이별을 예방할 수 있습니다.

그 사람이 변한 게 아니라,
내 마음이 변한 것

한 사람을 평생 변치 않는 마음으로 뜨겁게, 처음 사랑에 빠졌을 때의 설렘을 유지하며 사랑하는 게 가능할까요? 상대의 장점을 극대화하는 확대경 렌즈를 끼고 가슴 벌렁거리는 사랑을 유지하는 게 가능하지 않다는 것을, 우리는 이미 체득해버렸습니다. 내가 상대의 마음을 계속 뜨겁게 달아오르게 하는 매력이 부족해서가 아니라, 우리 몸의 호르몬 분비 자체가 그걸 허용하지 않는 겁니다. 길어야 30개월 정도라고 합니다. 너무 짧은가요?

사실, 남남으로 살아온 두 사람이 30개월 동안 큰 갈등 없이 연인 관계를 유지한다는 것조차 깊은 배려와 인내심을 요구하는 일입니다. 시간이 흐르고 장점 극대화 확대경이 내 손을 떠나는 순간부터 생활의 중심이 '상대'에서 '나'로 서서히 돌아옵니다. 그때 여자들은 말합니다.

"사람이 변했어."

"어떻게 사랑이 변할 수 있어?"

사랑은 원래 변하는 것입니다. 상대가 변한 게 아니라 나의 시선이 변한 거죠. 처음 만나서 사랑에 빠졌을 때는, 어쩌면 이렇게 나를 잘 이해해주는지 서로에게 감동을 받습니다. 닮은 점도 참 많은 듯하고, 콩깍지 렌즈를 통해 바라보는 상대는 이제껏 내가 만난 사람 중에 나와 가장 잘 맞는 사람 같지요. 하지만 가슴이 두근거리는 기간이 3개월을 지나면, 비로소 객관적인 시각으로 상대를 바라보게 됩니다. 그러면서 '상대가 변했다'라고 느끼는 거죠.

하지만 그가 변한 게 아니라 그를 바라보는 내 시선이 변한 것입니다. '콩깍지'가 벗겨지는 순간 이제껏 보이지 않던 그의 단점이 드러나기 시작하는 거죠. 그 사람은 원래 그대로인데, 내가 상대를 '변절자'로 취급하는 것입니다. 상대도 마찬가지입니다. 시간이 지나면서 익숙해지면 상대도 나를 바라보는 시선이 객관화되기 시작합니다. 서로가 말 한마디에 섭섭해지고 사랑이 식었니, 변했니 하고 상대를 비난하며 갈등하기 시작합니다.

대부분의 사랑은 아주 사소한 '소통 방식'의 문제 때문에 끝이 납니다. 지금 눈앞에 일어난 갈등의 원인, 즉 '현재의 사건'에만 주목해야 하는데, 오늘 이전에 일어났던 비슷한 '사건들'을 불러 모아서 "당신은 왜 항상 그래? 성격에 문제가 있어"라는 식으로 문제를 확대한다는 얘기입니다. 오늘 벌어진 갈등 상황에서 내 마음에 들지 않는 상대의 언행 일부를, 성급하게 상대의 성격으로 일반화해서 비난해선 안 됩니다. 그건 끝을 향해 질주하는 가장 빠른 방법이니까요.

지금, 두 사람의 눈앞에 놓인 사건에 대해 솔직한 감정을 말하는 데는 의외로 큰 용기가 필요합니다. "나 지금 이런 이유로 당신에게 섭섭해", "서로가 조금 더 상대 입장에서 배려하는 표현을 하도록 노력하면 좋겠어" 등 솔직한 감정을 말하는 연습을 해봅시다. 더불어 내 소망을 말하는 용기를 내어보는 거예요.

섭섭한 감정을 자주 말하는 사람은 사소한 일에도 잘 삐치는 소심한 사람이 아니라 사소한 감정이 쌓여서 관계가 끝나는 큰 일을 예방하는, '섬세한' 사람일 수도 있습니다. 단, 섭섭함을 말할 때는 서로의 관계를 성장시키기 위한 소망도 함께 말해야 합니다. 그러지 않으면 상대 탓만 하고 자기감정만 생각하는 이기적인 사람으로 비칠 수 있으니까요.

연인 앞에서 솔직해지기란 참 어렵습니다. 상대가 미리 헤아려주지 못해서 섭섭해져버린 내 감정을 말할 땐 자존심이 상합니다. 초라해지는 것만 같지요. 하지만 솔직해지는 것이야말로 갈등을 올바로 해결하는 방법입니다. 착각에서 벗어날 때 소통이 시작되고, 소통이 이뤄지면 이별을 예방할 수 있습니다.
"나를 사랑한다면 이 정도는 말 안 해도 알아주어야 하는 것 아니야?"
이런 착각에 빠져 있는 사람들은 연인이 내 마음을 '미리 헤아려주지' 못했을 때 주로 비난하다 관계를 끊어버립니다. 최근에 그와 나 사이에 있었던 갈등의 상황까지 곱씹으며 섭섭함을 증폭시키면서 상대를 구제 불능으로 단정 지어버립니다. 급기야 '극복할 수 없는 성격 차이'로 단정 짓기에 이릅니다. 그리고 말하죠. '그 인간이 변했다'라고. 성격 차이는 원래 있었고, 그 인간은 원래 그 사람 그대로입니다.

너무 쉽게 비난하고 단정 지으면서 끊어버린 관계를 시간이 지난 뒤에 후회해본 적은 없나요? 저도 이 글을 쓰는 동안 저를 스쳐 갔던 여러 사람이 떠오릅니다. 매번 비슷한 이유로 헤어지는 '이별의 패턴'을 반복하며 살아온 건 아닌지 생각해봅시다. 착각에서 벗어날 때 소통이 시작되고, 이별을 예방할 수 있습니다. 남녀 사이에서만이 아니라 모든 인간관계가 마찬가지입니다.

'그 사람' 잘 보내고,
'혼자의 시간' 잘 보내는 법

● 　　이별한 사람들은 마음도 아프지만 몸도 아픕니다. 처
음도 아닌데, 한두 번도 아닌데……. 사랑 후에 오는 이별은 늘
아픕니다.

　도박 중독에 빠진 사람이나 암벽 등반과 같은 위험한 도전을
하는 사람들의 뇌를 분석해보면 보상에 민감한 '도파민 보상 시
스템'이 일반인에 비해 매우 활성화되어 있다고 합니다. 재미있
는 것은, 도박이나 위험한 도전을 즐기지 않는 보통 사람들도 사
랑에 빠지면 이 시스템이 활성화된다는 것입니다.

　누구나 사랑에 빠지면 상대의 마음만이 아니라 시간까지 소
유하고 싶고, 그가 나만 바라봐주길 바라는 강력한 욕구가 생깁
니다. 내 시간과 마음을 다해서 상대의 마음을 얻기 위해 노력

하고, 노력한 만큼의 보상이 따르기를 간절히 소망하게 됩니다. 그 보상이 이루어졌을 때 느끼는 쾌감은, 도박과 위험한 도전에서 얻은 쾌감보다 더 클지도 모릅니다.

하지만 사랑이 끝났을 때, 내가 겪었던 마음과 육체의 고통을 떠올려봅시다. 이별 후에 상대를 잊지 못해서 괴로워하는 사람들의 뇌는 어떨까요? 도파민 보상 시스템이 사랑에 막 빠졌을 때보다 더욱 활성화됩니다. 도박 중독에 빠진 것처럼, 미련과 애증의 울타리에 갇혀서 한동안 헤어나오질 못합니다. 시간을 되돌리고 싶고, 잃은 것을 다시 찾고 싶어서 안절부절못합니다. 이별의 아픔을 극복하는 것이 도박 중독에서 벗어나는 것보다 힘든 일이라는 뜻입니다.

신체적 통증에 민감한 뇌 영역도 더욱 활성화되어 육체적 고통에도 민감해집니다. 헤어진 사람들은 몸과 마음이 다 아픕니다. 첫사랑을 잃고 일주일 동안 드러누웠을 때, 돌아누울 때마다 머리카락 한 올 한 올이 다 아팠던 때가 떠오릅니다. 몸과 마음을 앓다 보면 자존감이 바닥으로 떨어집니다.

두 사람이 아무도 모르게 비밀리에 만난 관계가 아니라면 관계가 끝났다는 사실이 친구, 가족 등 교류를 맺었던 사람들에게 알려지는 과정을 거쳐야만 합니다. 이 과정이 또 한 번 두 사람에게 상처를 줄 수 있습니다. 실연을 당한 쪽이 더 큰 고통을 겪는 시기입니다. 사람들은 시작 단계에서 "어떻게 만났대?" 하며 보였던 호기심보다 더 강렬하게, "왜 헤어졌대?"에 관심을 보입니다. 이별의 이유와 누구에게 문제가 있었는지에 대해 시시콜콜 알고 싶어 합니다. 이별이 가십거리가 될 때는 귀를 닫고 무시하는 용기가 필요합니다. 지금은 상처받은 나를 내가 적극적으로 지켜야 할 시간입니다.

'관계의 정리 단계'는 나 혼자 씩씩하게 건너야 할 다리입니다. 그 사람의 섬에서 나와 긴 외나무다리를 건너, 온전한 나에게로 건너가기 위해서는 과정이 필요합니다. 함께했던 시간과 기억은 지울 수 없지만, 같이 샀던 옷이나 주고받은 선물 등을 정리해야 할 수도 있습니다. 페이스북, 인스타그램, 카카오스토리 등에 남아 있는 흔적을 지워야 한다면, 꼼꼼하게 지우세요. 마음은 아프겠지만 혼자 건너가야 할 다리입니다.

돌이킬 수 없는 '죽은 관계'가 확실하다면, 미련도 확실히 접어야 합니다. 내 생의 일부였던 사람이 갑자기 사라졌습니다. 앞서 말했듯이, 관계의 죽음도 죽음입니다. 애도의 시간이 필요합니다. 돌이킬 수 없는 관계라면 애도의 시간을 '그가 없는 내 삶'을 찾는 데 써야 합니다. 실연 극복의 첫 단계입니다.

실연을 극복하는 것은 매우 힘든 일입니다. 두 사람이 만난 시간이 길다면, 만난 만큼의 시간이 필요할지도 모릅니다. 이별 직후에는 분노, 후회, 억울함, 그리움 등 역설적이고 설명할 수 없는 복합적인 감정의 쓰나미가 휘몰아칩니다. 감정을 조절하고 이성적으로 판단하는 것조차 불가능할지도 모릅니다. '이 또한 지나가리라'를 주문처럼 외워보지만, 절대로 지나갈 것 같지 않고 괴롭기만 합니다. 심한 무기력에 빠져서 일상생활이 불가능해지기도 합니다. 이별에 대한 생각 자체를 잊기 위해서 지나치게 바쁜 일정을 만들어 생각할 틈을 주지 않는 사람도 있죠.

실연을 극복하려면 심리적 안정감부터 되찾아야 합니다. 그러려면 자기 자신의 회복self concept recovery이 절실합니다. 이 과정을 통해서 자존감을 회복해야 합니다. 죽은 관계에 대한 미련을 접고, 상대가 차지했던 공간과 시간을 '나의 것'으로 채우는, 즉 '나의 삶'을 찾는 것입니다.

이별에 대한 연구들을 살펴보면 사랑한 기간이 얼마나 길었는지, 두 사람이 심리적·육체적으로 얼마나 가까웠는지, 서로에 대한 신뢰감·만족감은 어느 정도였는지, 서로에 대해 얼마나 헌신했는지 등의 복합적인 요소가 이별 뒤에 자기 회복, 자존감 회복에 큰 영향을 미친다고 합니다.

'얼마든지 더 좋은 사람을 만날 가능성'이 크다거나, 나를 짝사랑해주는 사람이 있고 그 사람과 얼마든지 새로운 사랑을 시작할 마음이 있다거나 해서 다양한 대안의 가능성이 있다면 이별로 인해서 자존감을 잃지는 않겠지요. 하지만 상대의 외도 때문에 헤어지게 됐다거나, 상대에게 일방적으로 이별 통보를 받았다거나, 갈등 끝에 이별하는 상황에서 상대로부터 심한 비난을 당했다거나 할 때는 자존감의 손실이 매우 클 것입니다. 자기 자신을 회복하는 데 오랜 시간이 걸릴 수밖에 없습니다.

'너 없이도 온전한 나 자신'이 되기 위해 도망치지 말고 직면해야 합니다. 실연의 고통에서 벗어나고 과거를 잘 정리해야만 새로운 사랑을 시작할 수 있습니다. 시작만큼 중요한 것이 과거를 정리하는 일입니다.

실연 후 찾아온 나의 감정을 피하지 말고, 묻어버리려 하지 말고 그 감정에 충실해져야 합니다. 주변에서 "얼른 잊어버려!", "아직도 못 잊었어?" 같은 말을 하든 말든 내 아픈 감정을 잘 돌봐야 합니다. 생각할수록 아프고 괴롭더라도 도망치지 말고 직면해야 합니다.

자신을 되돌아보고, 이별을 인격적으로 성숙해지는 계기로 삼도록 노력해야 합니다. 나의 행복을 위해서 우리는 죽을 때까지 누군가를 사랑하면서 살아야 하니까요. 이번 경험을 계기로 다음에는 더 성숙한 사랑을 해야 하니까요. 무엇보다도 중요한 것은 '너 없이도 온전한 나 자신'을 찾으려 노력해야 한다는 것입니다. 인생의 반이 갑자기 없어진 상실감을 채워야 합니다.

실연을 당하면 밖으로 나가는 것 자체가 두려워지고, 혼자 집에 머물고 싶고, 이불 밖은 두렵게 느껴지기도 합니다. 우울과 무기력이 수시로 엄습합니다. 물귀신처럼 나를 과거의 늪으로 끌고 들어가려할 것입니다. 무조건 밖으로 나와서 사람들을 만나세요.

연인과 함께하는 동안 만나지 못했던 좋은 사람들을 만나면서, 떠난 사람의 자리에 좋은 사람들을 앉히고 그들과 좋은 시간을 보내세요. 내 이야기를 잘 들어줄 수 있는 사람들을 만나서 아픈 마음을 꺼내놓고 위로를 받을 수 있다면 더없이 좋겠지요. 잘 정리하고 온전한 내가 되는 데 필요한 조언까지 들을 수 있다면 더없이 좋은 관계 보상, 시간 보상을 받을 수 있겠지요.

다른 사람들을 만나는 것만이 다는 아닙니다. 진정한 나 자신을 만나서 대화할 수 있는 여행을 떠나는 것도 좋습니다. 떠난 사람과 함께했던 장소 말고 가보고 싶었으나 한 번도 못 가본 곳, 예전에 좋은 추억이 머물고 있는 곳으로 떠나세요. 새로운 내가 기다리고 있을 수도 있고, 행복했던 나를 그곳에서 새롭게 만날 수도 있습니다. 노트를 펼치고, 이번 사랑을 통해 깨달은 점, 후회되는 점도 써보세요. 새로운 사랑을 만났을 때 더 멋진 내가 되기 위한 십계명도 만들어보세요.

그리고 이별한 사람을 더는 미워하지 마세요. 잘 보내고 그를 축복해줄 때 더 멋진 사랑이 내게 또 찾아옵니다.

둘이 있을 때 하지 못했으나, 평소에 하고 싶었던 일을 구체적으로 노트에 써보세요. 나는 좋아하지만 상대가 싫어해서 같이 먹지 못했던 음식도 써보세요. 둘이어서 못 했지만 혼자여서 할 수 있는 일들이 나를 기다리고 있어요. 당분간은 혼자여서 누릴 수 있는 장점에 집중하세요. 운동도 좋고, 여행도 좋고, 춤을 배우는 것도 좋고, 인문학 강의를 들으러 다니는 것도 좋습니다. 마음이 많이 아프면 상담을 받는 것도 좋아요. 중요한 것은, 오늘 바로 시작하라는 것입니다.

사고 싶었던 옷이나 물건을 사서 자신에게 선물도 하세요. 지금 나는 몸과 마음이 아프고 위로가 필요하니까요. 나를 충분히 위로하고 아껴주는 것은 새로운 시작을 위한 투자입니다. 나 자신을 회복하기 위해서 당분간 오로지 나만 생각하세요. 그 사람을 '잘 보내는' 방법이자, 홀로 남겨진 시간을 '잘 보내는' 방법입니다.

관계를 살리는
싸움의 기술

●   안 싸우는 부부나 연인은 없습니다. 안 싸우는 부모, 자식도 없어요. 잘 싸우고 잘 화해하는 게 관계를 유지하는 데 가장 중요합니다. 싸울 때는 꼭 기억해야 할 법칙들이 있습니다.

첫째, '삼생일말'을 기억하세요.

'세 번 생각하고 한 번 말하자'라는 뜻입니다. 말을 뱉는 것은 내 자유지만, 뱉어진 말이 앞으로 내 감옥이 될 수도 있습니다. 주워 담을 수 없는 말실수 한 번으로 관계가 파탄 날 수 있지요. 3초 만에 뱉은 내 말이, 상대의 가슴에 30년 상처로 남을 수도 있습니다. 우리 뇌는 부정적인 말을 긍정적인 말보다 더 정확하게 오래 기억하기 때문입니다. 이를 위해 평소에 상대가 가진 상처를 파악하고, 절대로 건드려서는 안 되는 부분을 기억해놓는 것이 매우 중요합니다.

아버지의 외도 때문에 부모님이 어릴 때 이혼하고, 힘든 유년기를 보낸 서른일곱 살의 남성을 상담한 적이 있습니다. 이분은 부부 싸움 중에 아내에게서 이런 말을 들은 후 이혼을 결심했습니다.

"아비 없는 자식이 뭘 보고 배웠겠어?"

"피는 못 속이지. 당신 아버지 바람둥이였다며?"

'아버지처럼 살지 않겠다. 결코 이혼하지 않겠다'라는 게 삶의 목표였는데, 저 말을 들은 이후로 도저히 관계를 회복할 수 없었다고 합니다. 감정이 격해져 말실수를 했으니 용서해달라고 아내가 아무리 사정해도 남편의 마음을 돌리기는 힘들었습니다.

아내가 남편을 설득해 상담실에 함께 왔지만, 남편은 마음의 문을 열지 않았어요. '세 치 혀가 사람 잡는다'라는 속담이 있습니다. 아무렇게나 주고받는 것은 말의 배설이지 대화가 아닙니다.

둘째, 비난과 무시, 증오하는 말을 버리세요.

"당신은 그 버릇을 평생 못 고쳐?"

"오늘만 그랬냐? 당신은 맨날 그 모양이야!"

"너나 잘해. 왜 가만히 있는 나더러 잘못했대?"

"웃기시네!"

"아직도 내 말이 무슨 말인지 모르겠어?"

"지나가는 개도 알아듣는 말을 당신만 못 알아들어!"

비난하고, 무시하고, 증오하는 말들은 지금의 상황을 해결하는 데 아무런 도움이 되지 못한 채 서로의 감정에 상처만 낼 뿐입니다.

셋째, 물귀신 작전을 쓰는 것은 더 큰 싸움을 일으킵니다.

'지금', '우리의 문제'만 가지고 싸워야 합니다.

"하긴, 오늘만 그랬나? 옛날에도 그랬어. 평생 안 변해!"

남자보다 여자들이 과거의 일을 현재의 싸움에 끌어와서 상대를 비난하는 기술이 더 뛰어납니다. 남자들은 과거에 종결된 싸움은 잊어버리는 경우가 많아요. 여자들이 현재의 싸움에 과거의 싸움을 끌어와서 더 거센 비난을 할 때, 남자들이 겪는 심리적 좌절감은 매우 큽니다. 또 현재 우리의 싸움에 상대의 가족을 언급하는 것은 '절대 금물'입니다. 앞에서 예로 든 부부처럼, 상대가 아무리 용서를 빌어도 씻을 수 없는 상처를 남기는 경우가 많습니다.

넷째, 한 시간 휴전 법칙'을 정하세요.

조개를 해감할 때 소금물에 담가서 빛이 들지 않도록 그늘에 두거나 검은 봉지를 덮어서 한 시간 정도 시간을 주면, 조개가 입을 벌리고 이물질들을 스스로 다 뱉어냅니다. 사람도 마찬가지입니다. 서로의 감정이 격해져서 대화가 잘 안 되고, 상대방의 진심을 알기 어려울 때는 잠시 시간을 갖는 것이 좋아요. 그러면 상황을 객관적으로 파악하면서 자신이 화가 난 이유와 상대가 화가 난 이유가 무엇인지, 서로 오해하고 있는 것은 없는지 생각할 기회를 가질 수 있습니다. 무엇보다 자신이 흥분한 상태에서 말실수를 할 가능성을 줄이게 됩니다.

"뭐가 그렇게 잘났는지 말해보라고! 내가 뭘 잘못했는지 말해보라고! 당신이나 잘해!"

시간도 안 주고 몰아붙이면, 사람도 조개처럼 입을 꼭 다물고 맙니다.

"우리 지금 둘 다 흥분해서 말실수를 할 수 있으니, 한 시간 후에 진정하고 다시 얘기합시다."

싸울 때 법칙을 만들자고 말하기는 어려우니 사이가 좋을 때 미리 마련해놓는 게 어떨까요?

세상 어려운
'결혼할 결심'

•   "엄마, 아빠가 2000년도에 돌아가셨으니 벌써 몇 년째
야……. 아직도 아빠를 사랑해?"

엄마는 아버지 기일을 앞두고 2주 전부터 제사상에 올릴 음
식 목록, 장 볼 품목들을 썼다 지웠다 반복하며 매일 시장에 다
녀오셨습니다. 그날도 엄마는 아버지의 지갑을 들고 시장에 가
려고 나서던 길이었어요. 엄마는 아버지가 생전에 쓰시던 낡은
남성용 가죽 장지갑을 언제나 들고 다니십니다. 지갑을 펼치면,
시간이 가도 늙지 않는 아버지의 증명사진이 꽂혀 있습니다. 여
섯 살 연상의 남편이었으나, 이젠 열한 살 연하가 되어버린 남편
의 사진.

"사랑은 무슨……. 정이 더 깊은 거지. 그래도 우리 엄마하고

산 세월보다 남편하고 산 세월이 더 기니까."

"아빠가 제일 그리울 때가 언제야?"

"자다가 깼을 때. 느그 아부지 술 먹고 천장을 뚫을 듯이 쩌렁쩌렁 울리던 코 고는 소리가 한 번씩 되게 그리운기라. 자다가 갑자기 무거운 다리를 내 배 위에 척 올려놓을 때 깜짝 놀라서 깨던 그런 기억이 떠오르더라고. 그런 생각을 하다 보면 허전해서 다시 잠이 안 와."

"엄마는 아빠 술 먹고 코 고는 소리가 제일 듣기 싫다고 했었잖아."

"그러게. 그 소리가 자장가처럼 잠이 잘 오게 했던 것 같아. 박자가 딱딱 맞았거든. 죽고 나니까, 그렇게 듣기 싫던 그 소리가 제일 그립더라고. 너무 조용한 방에 혼자 자니까 잠이 잘 안 와. 지금도……."

같이 영화 〈굿 윌 헌팅〉을 볼 때도 엄마는 숀 교수가 부부란 어떤 관계인지 말하는 그 장면에 깊이 동감하며 거듭 되감기해서 보여달라고 했어요.

"내 아내는 긴장하면 방귀를 뀌곤 했어. 여러 가지 버릇이 많았지만, 자면서까지 방귀를 뀌곤 했어. 어느 날 밤에는 소리가 얼마나 컸던지 자던 개까지 깼어. 갑자기 아내가 벌떡 일어나서

'당신이 뀄어?' 그러길래 당황해서 '응' 하고 말았다니까…….
아내가 세상을 떠난 지 2년이나 지났는데, 그런 기억만 생생해.
멋진 추억이지. 그런 사소한 일들이 말이야. 제일 그리운 것도 그
런 것들이야. 나만이 알고 있는 아내의 그런 사소한 버릇들…….
그게 바로 내 아내니까. 아내도 내 작은 버릇들을 다 알고 있었
지. 남들은 그걸 단점으로 보겠지만 오히려 그 반대야. 인간은
불완전한 서로의 세계로 서로를 끌어들이니까."

아름다운 여행의 추억이나 감동적인 선물을 받은 기억이 더
소중할 것 같은데, 둘만 아는 사소한 기억들이 더 소중한 것이라
고 동양의 할머니와 서양의 아저씨가 한목소리로 말합니다.

영화 〈노트북〉에서는 노아 할아버지가 치매에 걸린 아내를 보
살피며 요양원 생활을 함께합니다. 자식들이 찾아와서 힘든 생
활을 정리하고 우리와 함께 집으로 가서 편하게 살자고 권하자,
할아버지는 이렇게 말합니다.

"애들아, 엄마를 혼자 둘 순 없어. 여기가 내 집이야. 너희 엄마
는 내 집이야."

두 사람만이 아는 생활의 사소한 기억들로 지은 추억의 집이
'부부'라는 이름의 집이구나……. 막연하게 추측하며 그런 집에
살아보고 싶다는 생각이 갑자기 간절해지기도 했습니다.

부모님은 물론 직장 동료들과 친구들까지 모두가 반대하는 결혼을 감행해서 20년째 잘 살고 있는 여자 선배가 있습니다. 한번은 내가 물어봤어요.

"결혼 전에 수없이 고민했을 텐데, 어떻게 결혼을 결심했어요?"

선배는 너무나 명쾌하게 답했습니다.

"결혼은, 수없이 헤어지는 연습을 한 뒤에 해야 해. 결혼에 대한 확신이 안 서서 헤어지려고 애써봤어. 그래야 나의 진짜 마음을 알 수 있을 것 같았어. 아무리 연습을 해봐도 정 때문에 도저히 못 헤어지겠더라고. 결혼은 그때 하는 거야. 도저히 못 헤어지겠다는 결심이 들 때. 그래야 같이 살 이유만 남으니까."

"결혼을 안 하면 후회할까요? 부부란 어떤 관계일까요?"

많은 사람이 제게 이런 질문을 보내옵니다. 이 글에서 여러분도 나도 답을 찾을 수 있으면 좋겠습니다. 〈굿 윌 헌팅〉 숀 교수의 대사에 나는 빨간 밑줄을 그었습니다.

"너는 완벽하지 않아. 네가 만난 여자도 완벽하지 않아. 중요한 건 과연 서로에게 얼마나 완벽한가 하는 거야. 남녀 관계란 바로 그런 거지. 짝을 찾으려면 노력이 필요해."

지나간 인연은 '의미 있는 경험'으로 기억하고,

잘 보내주는 연습을 합시다.

중요한 건 지금 내 옆에 있는 사람,

또는 앞으로 만날 내 사람과 잘 지내며

서로 행복한 사랑을 키워나가는 거예요.

❶ 사랑하는 사람과 갈등이 생겼을 때, '이런 말과 행동은 하지 않겠어'
   다짐을 써보세요.

❷ 사랑하는 사람과 갈등이 생겼을 때, 앞으로는 '이렇게 대화하고 행동하겠어' 나의 다짐을 써보세요.

서로에게 편안한 사람, 든든한 사람, 믿어주는 한 사람이 되어주세요.

오늘의 다짐이 사랑하는 사람과 오래 편안하게 관계를 유지하는 데

도움이 될 거예요.

나를 버린 옛 연인에게
연락이 왔나요?

• 오늘 상담실에는 탤런트 L이 찾아왔습니다. 오랜 시간 무명 연극배우
로 살다가 30대 후반이 되어서야 탤런트로서 인기를 얻은 그는 마흔을
넘어서면서 중후한 멋을 더해가는, 깊은 눈빛이 매력적인 배우죠. 분장실
에서 만나면 묵례 정도만 하던 사이인데, 오늘은 고민이 있어 왔다네요.

L   제 첫사랑과 정말 많이 닮아서 처음 본 날 깜짝 놀랐어요. 심
       지어 목소리도 비슷하네요.

나   아, 저로 인해 좋은 기억이 떠오른 아침이어야 할 텐데요.

L   그게…… 더 우울해졌어요. 그땐 제가 지독하게 가난해서, 제
       가 가진 게 빚밖에 없어서……. 그 친구가 돌아섰어요. 5년을
       사귀었는데, 헤어지고 나서 5개월도 안 돼 7급 공무원 시험
       붙은 친구한테 시집갔어요. 저는 잊는 데 5년도 더 걸린 것 같
       아요.

나   그분, 살면서 후회 많이 했을 거예요. 당장 눈앞에 보이는 것
       만 봤던 거, 비겁했던 거.

L   제 잘못이죠. 무능한 죄.

나   어릴 땐 누구나 무능하죠. 유능한 부모가 있을 뿐.

L   그 친구가 시집간 후, 5년 넘게 위궤양을 앓았어요. 매일 분노하고, 빈속에 술을 먹었으니……. 세월 지나면서 증상이 없어졌는데, 선생님을 분장실에서 본 날부터 위가 다시 아파요.

나   이별 후에 마음이 아픈 사람들은 실제로 몸이 아파요. 오래 만난 연인에게 버림받았다고 느끼는 순간부터, 신체적 통증에 민감한 뇌 영역이 활성화되면서 피부나 근육이 실제로 아프기 시작한대요. 그때의 기억이 떠오르면 마음의 통증이 육체의 통증으로 되살아나는 거예요. 아프게 한 거, 닮은 제가 대신 사과할게요.

L   몇 주 전에 갑자기 그 친구가 페이스북 메시지를 보내왔어요. 늘 지켜보고 있고, 한번 만나고 싶다고. 꼭 만나서 사과하고 싶다고요. 사실, 그날부터 위가 아프기 시작한 것 같아요.

나   기분이 어땠나요?

L   처음엔 놀랐고, 그다음엔 화가 났고, 그러면서도 반가웠고……. 한 일주일은 그 친구 페이스북 담벼락 사진과 글을 모조리 읽느라 정신이 나가 있었던 것 같아요. 답은 안 했지만, 그러고 있는 제가 너무 멍청이 같고, 화가 나서 괴로웠어요.

나   당연하죠. 저라도 같은 상황이 생기면 같은 심정일 것 같아요. 멍청이 같은 거 아니에요. 찬란했던 내 젊은 시절의 한때가 그리운 거지, 그 여자가 그리운 게 아닐 거예요. 한때 사랑했던 여자가 잘 살고 있나 궁금한 것도 당연하고요.

L   이런 제가 정말 부끄러웠는데 그렇게 말해줘서 고마워요. 내
        가 아직도 미련이 남아 있나? 아니면, 아직도 분노하고 있나?
        제 마음을 진단하기가 어려웠어요. 생각하지 않으려고, 모든
        기억을 잊으려고, 그 사람과 관계된 사람들도 안 만나고, 기억
        이 남아 있는 장소에도 안 가고, 기억을 지우려 했고, 지웠다
        고 생각했는데……. 그럴수록 더 힘들더라고요. 정말 5년은
        정서적 폐인으로 지냈던 것 같아요. 겨우 빠져나왔는데, 문자
        한 통에 그때의 기억이 고스란히 살아났어요.

나   관계의 죽음에도 애도의 시간이 반드시 필요해요. 만난 시간
        만큼 아파하며 애도의 시간을 가진 거, 참 멋진 거예요. 충분
        히 애도하고, 상처를 극복했기 때문에 지금의 멋진 아내를 만
        날 수 있었던 거예요. 애도의 시간조차 거부하고 빨리 다른 남
        자를 선택한 그녀야말로 자신의 성급한 선택을 뒤늦게 후회하
        고, 과거를 돌이켜보려 혼자 과거 속에 살고 있는지도 몰라요.

L   이제 와서 만나서 사과하고 싶다는 건 대체 무슨 심리일까요?

나   이제 와서 만나서 사과하겠다는 건 성공한 옛 애인을 만나보
        고 싶은, 정말 이기적인 욕망일 뿐입니다. 정말 뉘우친다면, 결
        혼해서 잘 살고 있는 사람을 위해 행복을 빌어주는 게 진정
        한 사과가 아닐까요? TV에서 보니 아내분이 저보다 열 배는
        예쁘시더군요. 멋지게 복수하며 잘 살고 계십니다. 닮은 사람
        을 보고 우울에 빠지는 건, 그녀에게 지는 게 아니라 잊지 못

하는 나 자신에게 또 지는 겁니다.

L   고마워요. 저에게 또 질 뻔했어요.

나   전 돌아서는 등만 봤지, 돌아선 적은 없는 사람이에요. 그러
니 제 사과 받으시고 잊으세요.

L   그 남자도 엄청나게 후회하고 있을 거예요. 제가 대신 사과할
게요. 우리 같이 사진 찍을까요?

우리는 서로 사과하고, 상담실에서 나와 활짝 웃으며 기념사진을
찍었어요. 나 자신에게 또 지지 않기 위해서 다짐의 'V'자를 힘차게 그
리며.

• 죽을 것만 같았던 이별의 아픔도, 시간이 지나면 이렇게 웃을 수 있
는 게 세월의 힘인 것 같습니다. 이제는 내 가슴속에 여전히 울고 있는
상처와 치유에 대해 깊은 이야기를 나눌 차례입니다. 치유는 내 가슴속
의 상처와 정면으로 마주하고, 대화할 때 시작됩니다. 나의 상처와 마
주하는 용기가 필요합니다. 준비됐나요?

4장

상처

쉽게 상처받는 나,
울고 있는 내면아이 돌보기

쉽게 상처받는
진짜 이유는
내 과거에 있어요

●　　자신의 것을 주변 사람들에게 아낌없이 나누고 싶어
하는 작가 친구가 있습니다. 참 착한 사람이죠. 이 친구는 페이
스북에서 사귄 '친구' 때문에 몇 년 동안 심한 마음 앓이를 했어
요. 지방에 사는 작가 지망생이 그 친구의 열혈 팬이 되어서 댓
글을 달아주고, 친구가 연재하는 글을 빠짐없이 챙겨보고 리뷰
를 해주면서 멘토가 되어달라고 지속적으로 요청했다고 해요.

막내지만 집안의 가장 역할까지 해야 했던 제 친구는 대학을
8년 만에 졸업할 정도로 힘든 시기를 보냈답니다. 늦게 데뷔했지
만 꾸준히 이름을 알려가는 작가가 된 그녀는 자기 못지않게 힘
든 상황에서 같은 꿈을 꾸고 있는 친구를 보니 도와야겠다는 생

각이 들었대요.

"내가 오지랖이 넓은 탓이었어. 나는 상대가 도와달라고 하기도 전에 나서서 돕고는 그 가치를 몰라주면 마음에 상처를 받으며 살아왔어. 당시 나는 너무 외로웠거든. SNS지만, 내 모든 글을 열심히 읽고 사소한 내 일상에도 관심을 가져주는 친구가 생겼다는 게 신기했어. 페이스북 친구 사귀기에 한참 빠져 있을 때였거든. 메신저로 대화를 나누다 보니 경제적으로 힘든 환경에서도 글을 쓰겠다는 꿈을 포기하지 않는 모습에 나의 과거가 오버랩되는 거야."

"급속도로 가까워질 만도 했네……. 하지만 타인의 모습에 나의 과거가 오버랩될 때 문제가 생기는 건데……."

"대화는 점점 깊어지고, 대화를 나누다 보니 만나게 되고, 우리 집에도 자주 드나들고, 무료로 그 친구의 글을 첨삭해주는 것은 물론 내가 학비를 빌려주기도 했지. 그런데 그 친구가 내 미발표작을 표절해서 데뷔를 했어. 나는 엄청난 충격을 받았고, 관계는 깨졌지."

"너의 착한 마음이 또 이용당했구나……. 마음이 많이 아팠겠다. 하지만 잘 생각해봐. 네가 진정 돕고 싶었던 게 그녀였을까?"

"내가 돕고 싶었던 건……. 그녀가 아니라 과거의 나였던 것 같아……."

"그래, 충분히 이해해. 나도 그런 경험이 많아. 도움이 간절히 필요했지만 아무도 없던 시절에 누군가가 나를 이렇게 도와준다면 얼마나 좋을까 생각했던 대로, 지금의 내가 과거의 나와 비슷한 사람을 돕는거지. '과거의 나'를 돕고 살리고 싶은 거였을 거야. 자기연민이 발동한 거지……."

"맞아. 누구의 도움도 받을 수 없어서 힘들었던 시절의 내가 떠오른 거야. 그 친구 이야기는 하나의 에피소드에 불과해. 나는 소극적인 성격이라 친구를 많이 사귀지 못해서 늘 외로웠거든. 내 유년의 깊은 상처로 남았지. 그래서 누군가와 가까워지면 절제하지 못하고 도움을 주고, 내 마음을 몰라주는 상대에게 상처받는 일을 반복하며 살아왔어. 그건 심각한 나의 문제였어. 그 일을 겪은 후, 페이스북을 탈퇴했어. 사람을 사귀는 게 너무 두렵고, 앞으로는 누군가에게 도움을 베푸는 것도 두려워서 못 하겠어. 작가 지망생들을 가르치는 일도 그만두려고 해."

"친구야, 글을 잘 쓰는 것도 능력이지만, 너는 남의 글을 잘 읽고 좋은 글이 되도록 조언해주는 능력이 있어. 너의 오지랖을 통해서 얻은 教訓을 기억하고 같은 실수를 반복하지 않으면 돼. 나는 네가 글쓰기 지도하는 일을 앞으로도 했으면 좋겠어. 단 확실하게 대가를 받고, 받은 만큼 아낌없이 가르쳐. 공자도 육포를 받고 제자들을 가르쳤대. 왜 무료로 가르치고, 내 공을 모르고 배신했다며 상처받고 그래? 그리고 한 가지 사건 때문에 너의 재주로 돈을 벌 수 있는 일을 그만두는 것, 너의 도움을 받아서 재능을 키울 수 있는 학생들의 기회를 차단하는 것은 현명하지 않아."

"인간관계를 잘할 자신이 없어. 무섭고 두려워."

"친구가 없었던 유년의 상처 때문에 누군가와 가까워지면 절제하지 못하고 물질과 마음을 퍼주고, 상처받는 일을 거듭해왔다는 걸 깨닫고 고백한 건 너 자신이야. 그 통찰이 얼마나 소중한지 몰라. 자신의 문제를 직면하고, 솔직하게 고백하는 게 얼마나 힘든 일인데……. 너는 그걸 해냈잖아? 공자 왈 '과즉물탄개過則勿憚改'라고 했어. 잘못이 있으면 바로 고치고, 같은 실수를 반복하지 않으면 되는 거야. 이 경험을 통해서 나누기를 좋아하는 너의 따뜻한 마음을, 꼭 필요한 사람에게 후회 없이 즐겁게 나누는 현명한 사람이 될 거라고 믿어. 그런 네가 내 친구여서 나는 참 좋다. 나도 그런 친구가 되도록 노력할게."

상처받은 경험이 내 미래에 영향을 끼치도록 방관하지 마세요.

중요한 것은, 이 경험을 토대로 다음에 같은 실수를 하지 않는 것입니다. 그러면 매일매일 조금 더 발전하는 '괜찮은 나'와 마주하게됩니다.

박상미의
고민 상담실

도움은 상대가 원할 때, 내 마음을 철저히 계산한 다음에 베풀어야
서로의 관계에 도움이 됩니다. 도움을 주기 전에 반드시 나에게 묻고
확실한 답을 얻은 다음에 실행에 옮겨야 합니다.
도움을 주기 전에 자신에게 이렇게 물어보세요.

❶ 내가 상대의 요청에 응할 만큼 여유가 있는가?

**❷ 도움을 준 다음에 상대가 내 마음을 몰라주어도 상처받지 않을 준
비가 되어 있는가?**

❸ 내가 준 도움에 대한 대가를 바라지 않을 자신이 있는가?

❹ 도움에 응하는 내 마음이 무겁지 않고 진심으로 기쁜가?

불행했던 건
부모님 인생,
나는 내 인생 살기

"또 배신당했어. 연애는 이제 끝이야."

은지는 이제 울지도 않았습니다.

"지긋지긋한 연애, 오늘부로 졸업이야. 축하해줘, 언니."

전화기 너머의 은지가 애써 밝은 목소리로 '축하해줘'라는 말을 반복할 때마다 '위로해줘'라는 말로 들렸죠. 그러다 아무 말 없이 은지는 전화를 끊었어요.

은지가 스무 살 때부터 서른다섯 살까지 만난 다섯 명의 남자와 다섯 번의 이별을 지켜본 유일한 사람이 나라는 게 너무나 미안했어요. 연애 문제에서 내가 현명한 조언을 할 자격이 없다는 것을 누구보다 잘 아는 은지가 연애 문제의 상담자로 오랜 세월 동안 나만 찾는다는 건, 조언자가 아닌 들어줄 사람이 필요한 것이겠죠. 사실, 모든 답은 자기 자신이 알고 있으니까요.

은지가 만난 다섯 명의 남자는 모두 '괜찮은' 남자였습니다. 사회적인 능력도 그만하면 괜찮았고, 무엇보다 참 다정한 남자들이었어요. 그건 은지가 남자를 만날 때 가장 중요하게 생각하는 것 중 하나였습니다.

"아버지와 성향이 반대인 남자를 만날 거야."

술과 여자를 좋아하는 아버지 때문에 불행했던 건 은지 엄마만이 아니었습니다. 술 취한 아버지가 밤 늦게 귀가하면, '아버지의 여자' 때문에 밤을 지새워 싸우는 부모 틈에서 은지는 불안에 떨며 자랐어요.

그랬기에 '아버지와 반대인 남자를 만나서 결혼하고 행복하게 사는 것'이 유일한 목표였어요. 한 남자를 만나면 1~2년은 만났고, 상대에게 최선을 다했고, 싸우는 일도 거의 없었죠. 그러다 어느 날 갑자기 헤어지고 와서는 늘 같은 말을 했어요.

"또 배신당했어."

은지의 남자들은 은지 아버지처럼 바람을 피우다가 들킨 것도 아니었고, 그녀에게 일방적으로 이별을 통고한 것도 아니었어요. 상대의 사랑이 식었다고 느끼면 은지는 너무나 괴로워했고, 세상에서 가장 초라한 여자가 된 듯한 기분이라며 밤새 전화기를 붙들고 울었어요.

"사랑이 식었어. 어떻게 사랑이 변해? 버림받기 전에 내가 먼저 헤어지자고 할 거야!"

며칠 후면 정말 헤어지고 돌아왔어요. 은지는 "그의 사랑이 식었으니 내가 배신당한 것"이라며 오래도록 울었고, 은지의 남자들은 내게 전화해서 "은지가 이별을 선언하고 떠났어요. 버림받은 건 저예요"라고 말했어요.

저 또한 상처받는 게 두려워서, 누구에게도 마음을 주지 못하고 산 시간이 길었어요. 영화 〈굿 윌 헌팅〉은 제가 영화치유 강의를 할 때 꼭 다루는 영화예요. 주인공 윌은 어린 시절에 학대받은 트라우마에서 벗어나지 못한 채 어른이 됩니다. 여전히 그의 마음엔 어두운 동굴 속에 숨어서 우는 아이가 있죠.

윌은 어린 시절에 학대받은 트라우마 때문에 누구에게도 마음을 열지 못하고, 관계를 잘 맺지 못하며, 폭력적이기만 합니다. 실은 상처받을까 봐, 버림받을까 봐 두려워서 상대에게 폭력적으로 행동하는 것이었죠. 윌은 숀이라는 심리학자를 만나 대화하면서 조금씩 변화하기 시작합니다.

"네 잘못이 아니야……. 네 잘못이 아니다."

그 말만 반복하는 숀에게 안겨서 윌은 처음으로 뜨거운 눈물을 쏟아냅니다.

내 잘못이 아닌데 운명처럼 받아들여야 했던 유년의 불행. 그로 인한 상처는 어른이 된 지금도 우리의 마음속에 숨어서 울고, 분노하고, 인간관계에 영향을 미칩니다. 은지는 사랑하는 사람이 자신의 과거를, 상처를 다 알면 버림받을까 봐 두려워서 관계를 끊어버리는 일을 반복하며 살아온 건 아닐까요?

"은지야, 보고 싶다. 우리 집에 와. 영화도 보고 수다도 떨자."

문자를 넣었어요. 답은 느리게 도착했습니다.

"사실, 혼자 있는 게 너무 무서워……. 지금 갈게."

들어주는 사람이 있다면, 비밀을 잘 지켜줄 사람이 있다면 자신의 이야기를 꺼내보세요. 우리가 숨겨놓은 아프고 괴롭고 부정적인 기억과 감정들을 비워내지 않으면 긍정적인 감정이 비집고 들어갈 틈이 없어요. 기억과 감정은 시간이 흐른다고 저절로 없어지는 게 아니거든요. 액체처럼 증발하는 것도 아니죠. 하지만 부드러운 모래 같은 것이어서, 쏟아내면 비워집니다. 은지는 천천히 자신의 이야기를 꺼내기 시작했고, 저는 조용히 눈을 맞추고 듣기만 했습니다.

"내 기억 속의 엄마는 세상에서 가장 불행한 여자의 얼굴을 하고 있었어. 남편과의 불화를 자기 인생의 실패로 받아들인 것 같았어. 불행한 엄마의 얼굴을 마주할 때마다 나는 죄책감에 시달렸지. '너 때문에 이혼하지 못하고 산다'라는 말을 수도 없이 들으며 자랐어. 늘 나는 버림받은 기분이었어. 나는 태어나지 말았어야 할 존재, 엄마의 삶을 더 불행하게 한 존재라는 죄책감······.

'너만 보고 산다'라는 엄마의 말은 사랑의 표현이 아니라, 엄마의 불행에 가담한 자로서 엄마의 불행을 상쇄할 만한 '보상'을 해야 한다는 말로 들렸어. 학교 다닐 땐 성적을 올려서 엄마를 만족시켜야 한다는 강박에 시달렸어. 성적이 떨어질까 봐, 아니 엄마를 만족시키지 못할까 봐, 그래서 엄마의 불행을 가중시킬까 봐 늘 불안했어.

엄마 아빠가 싸우는 소리가 들리는 밤이면 한숨도 자지 못하고 불안에 떨었어. 모든 게 내 잘못 같기만 했어. 내 꿈은 오로지 아빠와 반대인 다정한 남자, 가정적인 남자를 만나서 엄마와 반대로 '행복한 여자'로 사는 게 꿈이었어.

내가 만난 남자들, 지금 돌이켜보면 나쁘지 않았어. 착하고, 다정한 남자들이었어. 그런데 연애하는 동안 갈등이 생길 때마다 엄마아빠가 자꾸 오버랩되는 거야. '이 사람 내게 사랑이 식었구나……' 생각이 들면 버림받는 게 두려워서, 불행한 엄마의 얼굴에 내 얼굴이 자꾸만 겹쳐져서, 상상만 해도 너무 괴로워서……. 내가 먼저 헤어지자고 말하고 끝내버렸지. 어차피 사랑이 식으면 서로가 불행해질 거니까. 나는 엄마 같은 얼굴로 살고 싶지 않으니까. 닥쳐올 불행은 미리 막는 게 차라리 나으니까."

은지는 무릎에 얼굴을 묻었습니다. 작은 어깨가 들썩였습니다. 은지가 웁니다. 은지를 알고 지낸 세월 동안 그녀가 소리 내어 우는 걸 본 적이 없었죠. 은지는 늘 울음을 삼키려 애쓰는 아이였으니까요.

"그랬구나, 많이 힘들었겠다……. 울어. 소리 내서 실컷 울어."

"늘 똑같은 이유로 헤어졌어. 누굴 만나도 똑같을 거야. 내가 만난 남자들도, 그리고 우리 엄마도, 다 나 때문에 더 불행해진 것 같아. 나 때문에……."

"은지야, 네 잘못이 아니야. 네 잘못이 아니다……. 누구나 마음속 동굴 안에 울고 있는 어린아이가 있대. 그 아이가 왜 슬픈지 얘기를 들어주고, 실컷 울게 해줘야 그 아이가 동굴 밖으로 나올 수 있어. 동굴 속에서 울고 있는 은지 이야기를 들려줘서 고마워. 우리 이제 그 아이가 동굴에서 나올 수 있게 도와주자."

엄마가 불행했던 건 엄마의 삶입니다. 은지는 엄마의 불행까지 자신의 운명으로 받아들이고 함께 불행한 유년기를 보냈던 것입니다. 착하고 여린 아이일수록 자신의 잘못이 아닌 부모로 인한 유년기의 불행을 운명으로 받아들이고, 평생 그 운명에 갇혀서 우울하고 자존감 없는 성인으로 살아가는 경우가 많아요.

"너 때문에 이혼 못 하고 산다."
부모의 말 한마디가 자식의 삶에 끼치는 파장은 너무나 커요.
"너만 보고 산다."
이 말도 마찬가지입니다. 어머니 입장에선 사랑의 표현이었겠지만, 상처받은 어린 은지에겐 엄청난 부담이자 강박이었다는 것을 은지 어머니는 상상조차 못 하실 거예요.
은지의 마음속에서 울고 있는 어린아이가 실컷 울고 동굴에서 빠져나올 때, 은지도 자신의 삶에 부모의 삶을 오버랩하는 굴레에서 벗어날 수 있을 것입니다. 마음속의 불안과 분노 같은 부정적인 감정을 다 쏟아내고 그 자리에 '나는 소중한 존재'라는 자존감이 차오를 때, 은지도 사랑을 할 수 있을 거예요. 지금 있는 그대로의 모습, 그리고 과거의 상처까지도 서로 사랑해줄 수 있는 사람과 오래가는 사랑을 말이에요.

과거에 상처받은
감정의 뿌리 돌보기

아들 저 학교 자퇴하고 싶어요. 지금 전공이 저랑 너무 안 맞아요. 쉬면서 제가 즐겁게 할 수 있는 일을 찾아보고 싶어요.

아버지 뭐야? 배부른 소리 하고 있네! 대학 졸업장 없이 즐겁게 일하면서 돈 버는 게 쉬운 줄 알아? 뭐가 부족해서 딴생각이야?

어머니 당신은 왜 항상 아이한테 윽박지르기만 해요? 너그럽게 대화로 풀고 조언을 해주는 아버지가 될 수 없어요?

●　　　가족 상담을 요청해온 어느 가정의 대화 모습입니다. 아들은 어려서부터 프로게이머가 되고 싶어 했고, 재능도 있었어요. 화내고 있는 아버지의 감정 속에는 말하지 못한 과거의 감정, 그 '감정에 대한 감정'인 '초감정'이 숨어 있어요. 그 과거의 감정이 올라와서 아들에게 지나치게 화를 내고 있는 거죠.

아버지의 과거는 이렇습니다. 중학교 때 항상 전교 1등을 했지만 집안이 어려워서 상고에 가야 했고, 취업한 후에 일과 공부를 병행하면서 야간 대학을 수석으로 졸업했어요. 하지만 상고 출신, 야간대학 출신이라는 이유로 승진이 늦었어요. 그때 겪은 좌절, 분노, 절망……. 과거에 상처받은 감정이 아들과 대화하는 현재 상황에 떠오르면서 폭발한 거죠.

이젠, 이 집 어머니의 감정을 살펴볼까요? 어릴 때 아버지의 사랑을 못 받고 자라서, 내 아이에게 '자상하고 따뜻한 아버지'를 선물해주고 싶었다고 합니다. 그런데 남편은 늘 아들에게 '더 강해져라, 더 열심히 살아라, 더 공부에 힘써라'라고만 하고 방황하는 아이의 마음에 공감을 못 해주니 남편에 대한 불만이 커집니다. 남편에게 '자상한 아버지가 되어줄 수 없느냐'라고 화를 낼 때, 지금의 감정뿐만 아니라 어릴 때 아버지의 사랑을 받지 못해서 '인자한 아버지'를 갈망했던 자신의 '초감정'이 개입된 것이지요.

갈등의 상황 앞에서, 나의 초감정을 만나보는 일은 매우 중요합니다. 과거의 내 상처, 그때 생긴 내 감정인 초감정이 올라와서 현재의 가족 관계를 오염시킬 수 있기 때문이지요. 초감정이 무조건 나쁜 것만은 아닙니다. 누구에게나 아픈 상처가 있기 마련이니까요. 감정이 어떻게 좋고 나쁜 것으로 나뉠 수 있겠어요?

하지만 지금 나의 감정이 오롯이 현재의 상황에서 비롯된 것이 아니라 과거에 상처받은 감정의 뿌리에서 기인한 것이라면, '내 상처의 뿌리'를 들여다보는 일은 현재의 관계를 살리기 위해서 매우 중요합니다.

나이가 들수록 그토록 싫어했던 아버지와 어머니의 말투, 화내는 모습까지 닮아가는 내 모습을 발견하고 당황스러워하는 분들이 많습니다. 내 상처의 뿌리인 초감정을 돌보지 않으면, 나의 상처를 자식에게 대물림하게 됩니다.

박상미의
고민 상담실

❶ 부모님께 들은 말 중에 상처로 남은 말이 있나요?

....

....

....

....

❷ 부모님은 나에게 부정적인 감정을 어떻게 표현하셨나요?

....

....

....

....

....

❸ 가족과 대화할 때, 어린 시절의 감정이 올라와서 감정 조율을 하기
힘든 순간이 있나요? 누구와 대화할 때 그런가요? 내 감정은 어떤
가요?

---

❹ (부모용 질문) 내 부모님이 나에게 감정을 표현하던 방식과 지금 내가
자녀에게 감정을 표현하는 방식에 닮은 점이 있나요?

---

⑤ (자녀용 질문) 닮고 싶지 않은 부모님의 모습인데, 나도 모르게 닮아가고 있는 점이 혹시 있나요? 있다면, 부모님의 실수를 대물림하지 않겠다는 다짐을 써주세요.

구체적으로 답할 수 있다면,
부모님으로부터 받은 아픔의 유전자를 더이상 대물림하지 않고,
내가 원하는 생각과 감정을 선택하고 행동하는 사람으로
거듭날 수 있어요. **당신은 할 수 있어요.**

상처를 자식에게
대물림하지 마세요

•   몇 해 전, 70세 미자 씨(가명)와 10주 동안 만나서 상담을 한 적이 있습니다. 미자 씨의 화병과 우울증이 갈수록 깊어져서, 4남매가 가족회의 끝에 모시고 온 것이었어요. 4남매는 이구동성으로 "어머니가 왜 이렇게 화를 내고 우울해하시는지 이해할 수 없어서 괴롭습니다"라고 하더군요. "상담 같은 것 필요 없다!"라며 거부하던 미자 씨는 '그래, 죽기 전에 실컷 말이라도 해보자!' 생각하고 용기를 냈다고 했어요.

처음 뵈었을 때, 그분은 자녀들에 대한 섭섭한 감정이 너무 많았어요. 자식에 대한 감정을 말할 때는 안면 근육이 파르르 떨렸고, 눈물을 닦는 손도 함께 떨렸어요. 맘이 너무 아팠죠. 그런데 3~4주가 지나면서 가족에 대해 구체적으로 물어보니 4남매는 효자, 효녀였어요. '이렇게 효자, 효녀인데 뭐가 그리 서운하실까? 본인의 상처가 문제구나……' 하고 더 궁금해졌죠.

폭력적인 남편과 사느라 평생 마음고생을 한 미자 씨는 남편의 외도 상대를 눈으로 확인한 것만 다섯 번이라고 했어요. 여자로서 처참히 짓밟힌 자존감을 회복하기 위해서, 이를 악물고 4남매를 교육 시키셨대요. 자식들은 엄마 말에 순종하면서 잘 자랐고, 결혼해서 부모님보다 행복한 가정을 꾸리고 잘 살고 있었어요.

남편이 5년 전에 세상을 뜨면서 미자 씨는 드디어 남편의 폭력으로부터 해방됐어요. 그런데 본인은 하나도 행복하지 않고, 자식들에게 섭섭해서 더 괴롭다는 거예요. 심지어는 가족과 행복하게 사는 딸들에게 질투가 나서 미울 때도 많다고 했어요. 이유를 구체적으로 설명하지 못하시기에 그림을 그리게 했어요.

먼저 어린 시절, 가족의 모습을 그려보시라고 했어요. 자, 다음의 그림을 보세요.

아버지는 형체를 크게 그렸지만 사람의 모습이라기보다 도깨비 같은 모습이에요. 유독 큰 주먹이 눈에 띄었죠. 엄마와 오빠들은 작게 그렸지만, 아버지보다는 구체적인 사람의 형상이었어요. 그런데 집 울타리 밖에 제일 작고 형체가 흐물흐물한 여자아이를 하나 그렸는데, 눈에서 흐르는 눈물만 또렷하게 그려 넣은 거예요.

"이 소녀는 누구예요?"

"나예요."

미자 씨는 어린아이의 목소리로 울기 시작했어요.

"아버지에게 하고 싶은 말을 해보세요."

"싫어요! 늘 술 먹고 엄마와 우리를 때리고 욕했어요. 저는 학교에도 못 가게 했어요! 딸은 쓸모없다고 사람 취급도 안 했어요. 저를 한 번 안아준 적도 없어요⋯⋯."

"어머니에게 하고 싶은 말을 해보세요."

"엄마, 엄마라도 나를 사랑해줬어야지⋯⋯. 엄마도 늘 오빠들이 먼저였어. 나는 단 한 번도 사랑도 존중도 받지 못했어. 나를 좀 가르쳤더라면 내가 이렇게 살지 않았을 텐데!"

미자 씨 가슴속에서 70년 동안 울고 있는 어린아이는 30분 넘게 통곡을 했어요. 저는 미자 씨를 안고 같이 울었죠.

"엄마가 미안하다, 엄마도 네 아버지가 무서워서 너를 교육시키지 못했다. 미안하다⋯⋯. 잘 살라고 시집도 일찍 보냈는데⋯⋯. 미안해, 미안해⋯⋯."

미자 씨가 자식들이 아무리 효도를 해도 늘 섭섭함을 느끼는

건 자신이 어린 시절에 받은 상처, 상한 감정에서 비롯된 것이었어요. 폭력적인 아버지로부터 받은 상처, 어머니에게도 보호받지 못한 서운함……. 결혼 후에 남편으로부터 그 상한 감정들을 모두 보상받고 싶었는데, 아버지와 똑같은 남자를 만나서 상처가 더 깊어진 거죠. 이후에는 아버지, 어머니, 남편으로부터 받지 못한 사랑, 존중, 배려 이 모든 것을 자식들에게 요구하게 됐어요. 그게 맘에 차지 않을 때는 극단적인 섭섭함을 견디기 힘들었던 거예요.

자신의 상처를 자녀에게 물려주고 싶은 부모는 세상에 없을 거예요. 과거에 내가 겪었던 아픔을 내 자식은 겪지 않게 하려고 애를 쓰지요. 그런데 참 아이러니하게도, 나의 상처를 자식에게 대물림하는 분들이 많습니다. 부모 사랑을 받지 못한 원망과 결혼 후에 남편의 사랑마저 받지 못해서 쌓인 서러움, 분노의 감정을 보상받고자 자식들에게 큰 기대를 하는 분들이 많아요. 나의 결핍을 자식들에게 보상받고자 할수록 인생은 외로워집니다. 본인의 감정, '내 상처의 뿌리'를 돌보지 못하면 나도 모르는 사이에 내 상처를 자식에게 대물림하게 됩니다. 그러므로 현재의 가족 관계를 망치고 있는 '상처의 뿌리'를 깊숙이 들여다보는, 나와의 대화를 시작해야만 합니다.

울고 있는
내면아이 돌보기

● 　　성인들의 가슴속에는 울고 있는 어린아이 한두 명이 살고 있어요. 유년 시절의 상처를 위로하고 극복하지 못한 채로 어른이 되면, 몸만 어른이 됐지 마음속에는 여전히 상처 입은 어린아이가 살고 있는 거죠.

나이 70이 되어도, 그 아이를 달래주지 않으면 내 안에서는 상처 입은 대여섯 살 어린아이가 울고 있을 수도 있어요. 마음속에 이런 어린아이가 많을수록, 말로 내 감정을 표현하는 것은 더 힘들어요.

저는 공감과 소통, 마음치유 강의를 하는 사람입니다. 그런데 한집에 살면서도 가장 공감과 소통이 안 되고, 서로 상처 주는 말을 많이 나누는 사이가 저와 저희 엄마예요.

엄마는 정말 가족을 사랑하고 가족을 위해 평생 희생해온 분이에요. 그런데 말로 표현할 줄을 모르십니다. 저는 엄마한테 칭찬을 받고 싶어서 어릴 때부터 애를 많이 썼어요. 제가 부족해서 그런 거라고 생각해서 늘 배로 노력하고 긴장하며 살아왔어요.

하지만 엄마는 늘 칭찬보다 훈계를 더 많이 하셨죠. 저는 엄마 얼굴을 보며 같이 웃고 싶어 하는데 엄마는 걱정이 더 많았어요.

"밖에서 책잡히지 않게 조심해라. 잘난 척하지 마라."

다른 사람들에게 자식이 책잡힐까 봐 늘 걱정하는 분이셨어요.

그런 엄마 앞에 서면 저는 항상 부족한 사람 같았고, '나는 왜 엄마한테 칭찬받기가 이렇게 힘든 걸까' 하는 자괴감이 들곤 했죠. 제 마음속에도 그렇게 울고 있는 어린아이 하나가 생긴 거예요.

마흔이 넘은 어느 날, 그 어린아이가 엄마 앞에서 폭발했어요. 그날도 제가 엄마한테 칭찬을 받고 싶어서 뭔가를 자랑했는데, 엄마가 또 훈계를 하신 거죠.

"엄마는 왜 맨날 훈계만 해요? 어떻게 사람이 웃으면서 칭찬

한 번을 안 해줘요? 제가 어릴 때부터 그게 얼마나 속상했는지 알아요?"

저는 깜짝 놀랐어요. 제가 일곱 살 어린아이처럼 엄마 앞에서 울고 있더라고요.

엄마보다 제가 더 놀랐을지도 몰라요. 저는 어찌할 바를 모르다가 얼른 출근을 했죠. 그날도 밖에서 온종일 "가족과 공감 대화를 하세요"라며 강의를 했습니다. 그러면서 속으로 저를 질책했어요. '아이구 이것아, 너나 잘해⋯⋯.'

밤에 퇴근을 했더니 늘 저를 기다리며 안 주무시던 엄마가 주무시고 계셨어요. 엄마 방에 불이 꺼져 있었어요. 그런데 새벽에 엄마한테서 문자가 왔어요.

"딸아, 미안하다⋯⋯."

첫 문장을 읽고 통곡을 했어요. 태어나서 처음 듣는 말이었거든요. 가족끼리 사과한다는 게, 부모가 자식에게 사과의 말을 한다는 게 쉽지 않아요. 그런데요. 모든 자식은 부모님의 사과를 받으면 통곡할 준비가 돼 있어요.

"엄마가 마음은 안 그런데⋯⋯, 어려서 부모 사랑을 못 받고 자라서 마음을 말로 어떻게 표현해야 할지를 모르겠다. 70이 다

됐지만, 앞으로 노력해볼게. 미안하다."

저는 통곡하면서 죄송하다는 편지를 쓰며 새벽을 맞았어요.

저는 엄마가 보낸 문자에서 한 문장에 주목했어요. '어려서 부모 사랑을 못 받고 자라서……'라는 부분 말이죠. 엄마가 살면서 속마음을 처음으로 털어놓은 거였거든요. 바위처럼 자기감정이나 아픔을 전혀 표현하지 않는 분이셨기에 그 문장이 제 가슴에 와서 아프게 박히더라고요. 엄마 가슴속에 울고 있는 어린아이를 발견한 거죠.

저는 결심했어요. '밖으로만 마음치유 강의하러 다닐 게 아니라 우리 엄마 가슴속에 울고 있는 어린아이부터 꺼내보자.'

엄마한테 노트를 몇 권 사다 드렸어요.

"엄마는 글을 정말 잘 쓰잖아요. 기억나는 어릴 때 이야기부터 일기처럼 써보세요."

처음에는 글은 무슨 글이냐며 안 쓰겠다고 하시더니, 어느 날 보니까 다섯 권째 자기 이야기를 쓰고 계신 거예요. 이전에는 수필이나 짧은 동화를 종종 쓰셨을 뿐 본인이 살아온 솔직한 이야기를 써본 적은 없었어요. 한 노트에서는 첫 문장이 '까만 치마에 흰 저고리를 입은 다섯 살 나는 울고 또 울면서 엄마를 찾아다녔다'로 시작해요.

살아온 이야기를 쓰면서 자신의 상처와 마주하는 일은 의외로 큰 용기를 필요로 합니다. 성장하면서 얻은 아픈 기억들은 시간이 흐른다고 해서 옅어지거나 잊히지 않아요. 잊었다고 생각하지만, 살다 보면 어느 순간 그때의 기억과 감정이 '툭' 하고 튀어나와서 현재의 삶을 흔들어놓고 감정을 소용돌이치게 할 때가 있어요.

내 가슴속에 울고 있는 어린아이가 나도 모르는 사이에 튀어나와서 울기 시작하는 거죠. 과거의 상처 때문에 상한 감정이 현재의 상황을 악화시키는 거예요.

치유되지 못한 내 과거의 상처를 모르는 사람들은 그런 내 감정을 이해하기 어렵습니다. 그러니 우리는 힘들더라도 스스로 '과거의 아픔'과 마주하고 화해를 시도해야만 합니다. 오늘 내 삶이 온전히 행복할 수 있으려면 말이에요.

내 마음속에도 울고 있는 어린아이가 있나요?
울고 있는 아이의 슬픔이 느껴진다면, 질문에 답해보세요.

아이는 어디에 있나요?
왜 울고 있나요?
그 아이를 떠올리면 지금도 마음이 아픈가요?
그 아이의 상처가 오늘의 내 삶에 영향을 주고 있진 않나요?

여전히 울고 있는 어린아이가 실컷 울고
동굴에서 빠져나올 수 있도록, 마음속의 불안과 분노를 다 쏟아내고
그 자리에 '나는 소중한 존재'라는 자존감이 차오를 수 있도록,
어른이 된 내가 울고 있는 아이를 안아주세요.
그 아이에게 당신의 목소리를 들려주세요.
소중한 아이, 사랑스러운 아이
요즘은 어때? 이젠 괜찮아?

과거의 상처와 이별해야
오늘의 문을 열 수 있어요

• 마음의 상처를 묵혀두어서 생기는 병, 한국인이 유독 많이 앓는 '화병'을 아시나요? 의학 사전을 찾아보면 '명치에 뭔가 걸린 느낌 등 신체 증상을 동반하는 우울증의 일종으로 우울과 분노를 억누르기 때문에 발생한 정신질환'이라고 나와 있습니다. '장기적으로 스트레스를 받고 해소하지 못해서 폭발하는 병'이지요. 미국정신과의사협회에서는 '한국인에게서 주로 나타나는 분노증후군'으로 '화병'을 공식적으로 인정하면서 병명도 우리말 발음을 그대로 옮겨서 'Hwa-byung'이라 표기했습니다.

유독 한국인에게서 이 증상이 많이 발견되는 이유가 뭘까요? 자신의 감정을 잘 표현하지 못해서 풀지도 못하기 때문입니다. 우울과 분노를 억누르기 때문에 겪는 정신 질환이고, 실제로 화병을 오래 앓은 사람들은 몸이 아픕니다.

우리 엄마는 20년 넘게 원인을 알 수 없는 '악성 두통'에 시달렸습니다. 두통약을 하루 2개 이상 먹어도 먹는 순간 잠시 효과가 지나갈 뿐이었어요. 밤에 두통이 찾아오면 수면제를 먹어도 잠을 자지 못했어요.

대형 병원을 전전하며 MRI를 수차례 찍었지만, 엄마의 뇌는 멀쩡했습니다. 그때마다 엄마는 더 깊은 우울에 빠졌습니다. 원인을 알지 못하니 고칠 수도 없겠다는 좌절감 때문이었어요.

저는 엄마의 병명을 알고 있었어요. 아버지의 갑작스러운 암 발병과 투병 그리고 죽음을 거치면서 생긴 '화병'이 20년 넘게 앓아온 엄마의 고질병이라는 걸요. 자신의 감정 표현을 거의 하지 않는 엄마에게 수차례 상담을 권해보았지만 엄마는 요지부동이었어요. '내 마음을 남에게 말하기 싫다'는 거였죠.

'내 인생의 자서전' 쓰기를 하면서 엄마의 악성 두통은 서서히 좋아지기 시작했습니다. 자신의 내면 상처를 글로 풀기 시작하면서 일어난 변화였어요. 제가 텔레비전 방송 프로그램에 나가서 내 마음을 글로 써보는 것이 내면의 상처를 스스로 치유하는 데 얼마나 큰 도움이 되는지를 강연하면서 '엄마의 자서전 쓰기'를 예로 들었어요. 그러면서 엄마의 치유 과정을 소개하고, 자연스레 엄마 자랑을 했죠.

엄마는 첫 방송이 나간 후에 매우 두려워했어요. 핵심은 상처의 치유 과정인데 자신이 숨겨온 내면의 상처, 특히 어린 시절의 상처가 세상에 알려지는 게 갑자기 두려워졌던 거예요. 하지만 방송을 본 엄마 친구들이 전화를 걸어오고 문자를 보내오면서 상황이 달라졌어요.

"영숙아! 니가 그런 고통이 있었는지 몰랐다⋯⋯ 그 힘든 시절을 말도 안 하고 잘 살아 냈네! 니 진짜 장하데이!"

"영숙아, 니는 좋겠다. 딸을 잘 키워서 니 얘기를 듣고 많은 사람이 위로받네! 니 인생 가치 있다 부럽데이!"

다시 우울에 빠질 뻔했던 엄마는 웃기 시작했어요. 어느 날 아침에 밥을 먹다가 엄마가 제게 말했어요.

"야, 내가 있잖아. 요즘 머리가 안 아프다. 수면제도 안 먹은 지 꽤 오래다. 아무것도 안 했는데 신기하제? 허리도 덜 아프고……."

화병이 나은 거였습니다. 화병으로 인한 육체적 고통은 어떤 약을 먹어도 낫질 않아요. 풀고, 비우고, 마음을 치료해야만 낫습니다.

과거의 상처로부터 벗어나기, 내 마음의 문을 여는 것부터 시작하세요. 어두운 동굴 속에서 울고 있는 나를 이제 동굴 밖으로 데리고 나와야지요.

이젠 과거에 나에게 상처 주었던 모든 것을 용서하고, 용서하지 못했던 것들과 화해하고, '오늘'의 문을 열 차례입니다.

5장

치유

나를 치유하는 힘은
내 안에 있어요

죽었다,
그리고
살아난 후 깨달은 것

• 　　저도 스물네 살 때 자살을 시도해본 적이 있어요. 스무 살에 서울에 와 혼자 살면서 외로움, 경제적 어려움, 미래에 대한 두려움, 그로 인한 고통스러운 감정이 증폭되어 우울한 감정이 제 삶을 지배해버린 거죠. 누군가에게 도움을 청해봤자 아무런 도움이 안 된다고 생각했어요.

그래서 비슷한 상황에 처한 사람을 보면 다는 아니어도 이해가 가요. 당사자는 정말 죽는 게 편할 것 같다는 생각을 할 정도로 힘든데, '죽을힘으로 살아봐라', '의지박약이다' 이런 말을 들으면 더 상처받을 게 뻔해서 '말을 하지 말자. 소용없다' 이렇게 생각했어요.

생각이 오로지 과거에 갇혀서 어제처럼 오늘도 힘들고, 내일은 더 힘들 거라고 결론짓고 나니 죽는 게 더 편할 것만 같았어요. 저는 소주를 못 마시는데 너무 괴로워서 소주를 한 잔 마셨어요. 갑자기 죽고 싶은 충동이 강해지면서 두려움이 없어지더라고요. 그동안 사 모은 수면제와 소주 한 잔을 먹고 이불을 덮고 누웠어요. 그리고 이틀 동안 잠을 잤나 봐요.

장이 다 타들어 가는 고통을 느끼면서 깨어났는데, 제가 공중에 붕 떠 있더라고요. 아래를 내려다보니까, 죽은 제가 누워 있었어요. 말을 하고 싶은데 말이 안 나와요. 속으로 소리쳤어요.
"아이고 하나님, 저 좀 살려주세요. 나 좀 살려줘! 살고 싶어요! 나 죽기 싫어요!"
그러다가 잠에서 깨어났죠. 얼마나 다행이던지……. 그날 옥탑방 창으로 쏟아지던 아침 햇살을 잊을 수가 없어요. 눈을 뜬 게 저승이었다면 얼마나 후회하며 통곡했을까. 자살에 실패해서 정말 다행이다…….

자살을 연구한 통계 결과를 보면, 50퍼센트 이상이 충동적 자살을 한다고 해요. 충동적으로 자살한 사람은 저승에서 눈을 뜨면 100퍼센트 후회하지 않을까요? 과반수가 충동적으로 그러는 거라면 자살을 예방하고 막을 수 있다는 얘기예요. 의사 친구에게 제 경험을 말했더니, 농약을 먹고 자살을 시도한 사람들이 응급실에 와서 장이 타들어 가며 죽어가는 걸 지켜보는 게 의사로서 너무 고통스럽대요. 서서히 죽어가는 그들이 똑같이 하는 말이 있다는 겁니다.

"살려주세요!"

간호사 한 명이 업무 스트레스 때문에 심한 우울증에 시달리다가 충동적으로 농약을 혈관주사에 넣어 자살을 시도한 사례가 있어요. 그분은 의식은 또렷하게 살아 있는 가운데 한 달 가까이 서서히 죽음에 이르렀어요. 육체의 고통을 처절하게 느끼면서 그가 한 말도 같아요.

"살고 싶어요. 후회해요. 시간을 되돌리고 싶어요……."

자살 충동은 우울한 감정이 원인이에요. 우울한 감정이 지속되면 충동적인 생각과 행동을 하게 되고, 우리 뇌가 작동하는 방식까지 장악하게 되죠. 자책과 자기비난을 하도록 끊임없이 유도합니다. '나는 가치 없는 사람이야' 하고 자신에 대해 분노하도록 만들죠.

저도 당시 일기장을 보면 매일 같은 말을 반복하고 있었어요. '나는 나를 용서할 수 없다.' 모든 에너지를 자기비난에 쓰는 거죠. 이 상태에 오래 머물게 되면, 드디어 자신을 처벌하기에 이릅니다.

'이렇게 사느니 죽는 게 더 나아.'

우울이라는 감정의 가장 나쁜 점은 삶을 바라보는 시야를 좁게 한다는 거예요. 망원경으로 미래를 봐야 하는데, 빨대를 통해서 세상을 보게 하죠. 오늘 내가 처한 문제를 도저히 해결할 수 없다고 생각하는 건, 다른 여러 가지 가능성을 보지 못하기 때문이에요. 긍정적인 가능성을 생각하는 기능이 마비된 상태이기 때문에 누군가에게 도움을 청해봤자 아무런 도움이 안 된다고 생각해요.

자살을 생각하는 사람들은 죽음 앞에서 끝까지 망설입니다. 마지막 순간까지 '죽을까, 말까', '죽을 때 아플까?', '내가 죽으면 사람들이 슬퍼할까?', '죽으면 정말로 모든 게 끝일까?' 하고 생각합니다. 누구나 망설이고 고민한다는 것입니다.

우울하고 죽고 싶은 순간이 찾아온다면, 일단 가능한 한 모든 것을 내려놓고 잠시 쉬어야 합니다. 가능하다면 잠시 학교도 쉬고, 일도 쉬고, 생각도 쉬고, 감정도 쉬고, 오로지 쉬는 것에만 집중하면서 아무것도 하지 마세요. 매일 같은 일을 반복하면서 지쳐 있는 상태에서는 현명한 판단을 할 수 없어요.

'죽는 것도 한 달만 뒤로 미루자. 죽는 것도 보통 일이 아니니, 한 달 뒤에 생각하자.'

자살 방법을 생각하는 것도 쉬세요. 쉬면서 이 문장만 떠올려 주세요.

'삶은 원래 외롭고 허무하고 고통스러운 것이다.'

삶은 누구에게나 외롭고 고통스러운 거예요. 나만 그런 게 아니에요. 그걸 인정하고 나면 사는 게 한결 편해져요. 나만 불행하다고 느끼는 빈도가 낮아져요.

저는 다시 눈을 뜬 그날부터, '내 삶이 지금보다 나아져야 한다'라는 생각 자체를 버렸어요. 내가 가치 없고, 쓸모없고, 내일 더 나은 삶을 살게 될 가능성이 없다고 생각하고 우울한 감정에 빠지게 된 것은 또래와 나를 비교하는 데서 비롯된 것이었습니다. 우리 뇌에서는 끊임없이 나의 가치를 평가하고 남과 비교하는 '가치 시스템'이 작동해요. 하지만 그 시스템도 내가 주도적으로 긍정적으로 작동하도록 훈련할 수 있습니다.

'가난하면 어때? 옥탑방이면 어때?' 생각하니까, 주인집 옥상이 아니라 나만의 마당으로 보였어요. 겨울엔 보일러, 수도, 변기까지 다 얼어 터져서 텐트를 치고 야영을 하는 것 같다는 생각이 들었죠. 그래서 방에 1인용 텐트를 쳤어요. 한겨울에 텐트 안에서 자는데 이 정도면 너무 따뜻하다는 생각이 들어서 행복했어요.

'나는 왜 사랑받지 못할까?' 생각하니 늘 외롭고 혼자라는 생각이 들었어요. 누구나 자기 삶에만 코를 박고 살면 내 인생이 별것 없다고 느껴지고 외롭고 쓸쓸해지죠. '사랑을 못 받으면 어때? 내가 사랑을 주는 사람은 될 수 있잖아?'

생각을 이렇게 바꾸고 미혼모, 입양인, 재소자들을 돕는 봉사를 시작했어요. 보잘것없는 것 같았던 제가 남들에게 줄 수 있는 도움이 꽤 있더라고요. 사는 게 더 나은 이유가 매일 늘어나기 시작했어요.

그리고 스스로에게 질문했어요. 리스트를 프린트해놓고, 죽고 싶다는 생각이 들 때마다 펜을 들고 답을 써봤어요.

1. 나는 왜 죽고 싶은가?
2. 죽어야만 하는 이유는?
3. 죽어야만 해결될 일인가?
4. 내가 죽는다면, 어떤 일이 펼쳐질까?
5. 지금 바로 실행하지 못하고 망설이는 이유는 무엇일까?

6. 내가 죽으면 좋아할 사람들은 누구일까?

7. 내가 죽으면 슬퍼할 사람들은 누구일까?

8. 자살에 성공한다면, 나는 만족할까?

9. 살아야 하는 이유가 있다면, 무엇인가?

10. 지금 내 마음을 이해하고 들어줄 사람은 누구인가?

쓰다 보니 제가 외면했던 제 솔직한 감정과 마주하게 됐어요. 자신의 솔직한 감정을 다 알 것 같지만 실은 정말 모르거든요. 스스로 묻고 답하는 과정을 글로 써보면, 내 감정을 객관화할 수 있게 됩니다. 저는 이 과정을 통해서 제가 죽기보다는 살고 싶어 하는 마음이 간절하다는 것을 알게 됐어요. 조금씩 마음에 근육이 생기기 시작했어요. 아무에게도 제 마음을 말하고 싶지 않았는데, 막상 써보니까 내 마음을 이해하고 들어줄 사람도 있더라고요. 쓰다 보니 한 사람, 두 사람 이름이 떠올랐어요.

내 마음을 털어놓는 용기를 내세요. 적극적으로 도움을 요청해야 합니다. 지금 나의 힘든 감정 상태를 말하는 것만으로도 부정적인 감정이 배설되면서 자살 충동이 줄어듭니다. 내 마음에 가득 찬 부정적인 감정을 배설해야만, 긍정적인 감정을 담을 공간이 생깁니다. 내일은 내가 일구는 대로 비옥해지는 '내 땅'입니다. 내 삶의 주인이 되지 못하면 상황에 질질 끌려가는 삶을 살게 됩니다. '내 삶은 내가 만든다'라는 마음으로 삶의 주인이 되면, 상황을 대하는 자세가 달라집니다.

죽어야 할 이유가 세 가지라면, 살아야 할 이유는 최소 서른 가지가 있습니다. 너무 힘들고 우울할 땐 살아야 하는 이유가 도무지 떠오르질 않습니다. 같이 찾아줄 사람이 필요합니다. 도움을 청했을 때 손을 뻗어 잡아주는 사람이 있거든, 그 손을 놓지 마세요. 살아야 할 이유를 같이 찾아줄 은인입니다.

정말 힘들어져서 우울한 감정에 지배당해버리면, 이런 사람이 떠오르지 않아요. 평소에 이런 사람 한두 명을 정해두고, 내가 정말 힘들 때는 당신을 찾겠다고 말해두세요. 그러면 정말 힘든 순간에 그 사람이 떠오를 거예요.

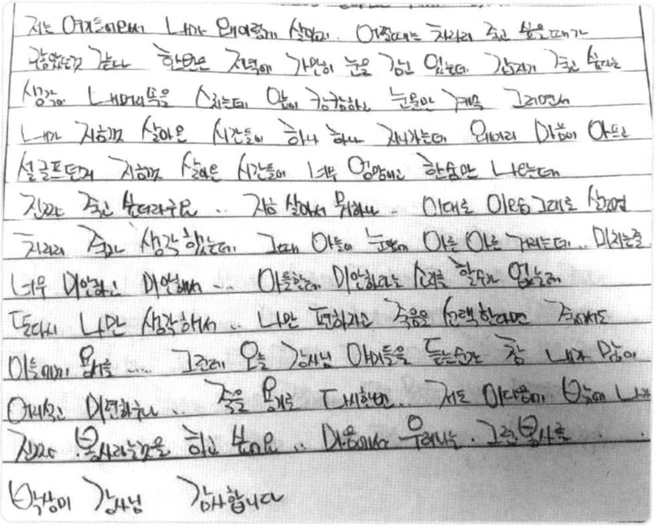

저는 여객선에서 나온 편지라고 생각했... (읽기 어려움)

교도소에서 온 편지입니다. 이분은 저와 문학치유, 영화치유 수업을 함께했어요. 구속된 이후 자살할 생각만 했었다는 그녀. 이제 상처를 딛고 멋진 엄마가 되기 위해 하루하루 자신을 사랑하는 연습을 하면서 달라지고 있어요. 이젠 아이라는 우주를, 가정이라는 우주를 살려낼 수 있을 거예요.

제가 스물네 살 때 자살에 성공했다면? 지금도 저승에서 가슴을 치며 후회하고 있겠죠? 오늘의 나도 없었을 겁니다. 죽을 것처럼 힘든 상황도, 끝날 것 같지 않던 고통도, 잊히지 않을 것 같은 깊은 상처도 그 시간을 견디면 거짓말처럼 지나가고 잊히더라고요.

죽음에 대해 고민하는 당신은 나약하고 인생에 실패한 패배자가 아니라 인생에 대한 고민이 남보다 깊은 사람입니다. 쓸모없는 사람이 아니라 세상에 더 쓸모 있는 사람이 되기 위해 고난의 시간을 건너는 중입니다. 자살 충동을 이겨낸 당신의 경험으로 다음에 '죽고 싶어 하는 한 사람을 살리는' 날이 오리라 믿어요. 너무 힘들 때, 도움을 청할 사람이 아무도 없을 때 이 글을 꼭 다시 읽으세요.

박상미의
고민 상담실

혹시라도…… 죽음을 생각할 만큼 힘들었던 적이 있나요?

언제였나요?

그렇게 힘든 일을 겪고도 죽지 않고 살아줘서 정말 고마워요.

'나를 죽이지 못한 고통이 나를 강하게 하리라.'

니체가 한 말이에요. 죽을 것처럼 힘들었지만,

그 고통은 '나'를 죽이지 못했고, '나'는 오늘까지 살아 있습니다.

저도 당신도, 참 잘했어요. 잘 견뎠어요. 모든 고통은 지나간다는 걸,

죽어야 할 이유보다 살아야 할 이유가 더 많다는 걸

우린 알게 되었어요.

오늘까지 살아온 나에게 잘 살았고,

잘 살고 있다고, 격려하는 편지 한 통 써주시겠어요?

상처 때문에
과장된 기억,
사실대로 바로잡기

우리는 과거를 얼마나 정확하게 기억할까요? 오래전에 입은 마음의 상처 때문에 여전히 트라우마에 시달리는 사람들을 만나서 상담을 하다 보면, 자신이 현재 기억하는 것을 사실로 착각하는 경우가 많습니다. 과거의 상황을 사실에 가깝게 복원하는 과정은 중요합니다. 상처를 극복하려면, 다시는 떠올리고 싶지 않을 정도로 고통스럽더라도 과거의 상황을 정확하게 기억하는 일부터 시작해야 합니다.

여고 시절 '멱살 사건'은 이후 22년 동안이나 나를 종종 분노에 빠트리곤 했어요. 그 사건 이전에 '권력을 가진 자'에게 부당하게 당했던 육체적 폭력, 언어 폭력의 기억까지 모조리 호출되어서 억울함과 분노가 배가되면서 있는 그대로의 사실이 과장되고 각색됐기 때문이었습니다. '작은 파도'에 몸을 흔들거리던 '과거의 사실'은 어느새 '폭풍의 바다'로 부풀어 오르기 시작하고, 시간이 흐르면서 폭풍의 바다 자체를 사실로 믿어버리는 경우가 많습니다. 인간의 뇌는 좋은 기억보다 아픈 기억을 더 오래 강렬하게 기억합니다.

우리 고등학교에는 유별난 학생부 선생님이 있었어요. 교복 치마 길이 무릎 밑 10센티미터, 머리카락 길이 귀밑 3센티미터, 목에 묶는 까만색 리본은 정확한 비율로 목의 중앙에 묶을 것. 이 규정에서 조금만 벗어나도 학생들은 엎드려뻗쳐를 한 상태에서 엉덩이를 수차례 맞아야 했죠. 생리 중인 날에라도 걸리면 엉덩이를 맞고, 말도 못 할 통증을 경험하기도 했으니……. 그 후로도 오랜 시간, 생각만 해도 엉덩이에 통증이 느껴질 정도였습니다.

1995년, 체육대회가 열리던 봄날. 체육대회가 끝나고 서둘러 옷을 갈아입는데, '4반 반장은 신속히 교무실로 내려오라'라는 방송이 나왔어요. 당시 반장이었던 저는 급히 교무실로 갔죠. 문을 연 순간, '그 인간'과 딱 마주쳤습니다. 그는 두 손으로 내 멱살을 잡고 마구 흔들기 시작했어요. 43킬로그램 여자아이는 건장한 체구의 투박한 손에 멱살을 잡힌 채 온몸이 휘청거렸습니다.

"리본! 리본! 반장이라는 년 복장 꼬라지가!"

저는 하얀 교복 셔츠 칼라에 단추로 고정하게 되어 있는 까만색 리본을 달지 않은 채 교무실로 뛰어간 것이었습니다. 수업 시작종이 울린 다음에야 그에게서 풀려날 수 있었어요. 목의 통증보다, 누군가에게 멱살을 잡혔다는 수치심에 몸이 떨렸습니다. 교실로 돌아오는 길, 복도 거울에 내 모습을 비춰봤습니다. 목이 빨갛게 부어오른 여자아이가 울고 있었습니다.

그 후로 저는 '그 인간'의 뒷모습만 봐도 심장이 아플 정도로 뛰기 시작했고, 까만 리본을 목에 묶을 때마다 '그 인간'의 손이 내 멱살을 잡는 것 같은 트라우마에 시달려야 했습니다. 졸업 후에도 모교를 떠올리면, 그 손이 나타나서 내 목을 조르는 것만 같았습니다.

동창들을 만나서 그날의 기억을 떠올릴 일이 생기면 내 감정은 순식간에 수치심의 진흙탕에 빠져버렸죠. 과거에 학교에서 부당하게 당한 폭력의 기억까지 모조리 호출되어서 억울함과 분노는 더 커졌습니다.

22년 후, 모교에 '선배 특강'을 가게 된 저는 가기 전 일주일 동안 매일 밤 꿈에서 멱살을 잡히고 가위에 눌려야 했습니다. 그날은 닥쳐왔고, 저는 용기 내서 학교를 찾아갔습니다. 그런데…….

학교에 도착한 저는 몹시 당황했습니다. 학교 건물은 내 기억보다 너무 작았습니다. 사립 학교였기에 '그 인간'은 여전히 학교에 남아 있었죠. 내게 먼저 다가와서 반갑게 인사를 건넨 것도 그였습니다.

"모범생 상미 왔구나!"

그의 기억 속에 그날 멱살 사건은 흔적조차 없는 듯했습니다. 서로의 기억이 이토록 다르다니! 더 놀라운 것은, 내 기억과 다르게 그는 아주 왜소한 체구의 남자였습니다. 저는 얼른 그의 손을 봤어요. 손도 여자 손처럼 하얗고 손가락은 가늘었어요. 반백의 머리는 그를 더 작고 가냘파 보이게 했습니다.

저는 조심스레 그에게 멱살 사건 이야기를 꺼냈습니다. 그때 입은 마음의 상처가 여전히 남아 있노라고……. 그는 무척 당황하며 제게 사과했습니다.

"학생부 선생은 무조건 엄해야 하는 건 줄 알고……. 젊은 혈기에……. 기억은 안 나지만 미안하다. 진심으로 사과한다."

'정확하게' 기억하는 것은 나의 상처를 극복하는 데 매우 중요합니다. 제 기억 속 멱살 사건은 실제와는 많이 달랐습니다. 세상에서 폭력을 가장 두려워하는 내게 체벌이 허용되던 당시의 학교는 실제보다 '거대한' 건물로, 폭력을 행사하던 선생은 '건장한' 체구로 사실보다 과장되게 기억된 것입니다.

상처 때문에 부풀려진 기억을 사실에 맞춰 복원하고 진심의 사과를 받은 날, 모교 운동장 스탠드에 오래오래 앉아 있었습니다. 그날, 가슴속 동굴에서 22년 동안 울고 있던 여자아이 하나가 동굴을 빠져나와 운동장으로 뛰어가는 것을 봤습니다.

혼자 우는
남자들

●　　　얼마 전, 친척 오빠한테서 전화가 왔습니다.

"나 퇴직해. 내일이 마지막 출근이야. 허허, 오전에 책상 정리하고 인사하고 나가려고 하는데, 집으로 바로 가기도 누구를 만나기도 싫네. 점심 같이할 수 있을까?"

성인이 된 후에는 연락이 뜸했던 오빠였어요. 제가 신문에 '고민 사전'이라는 연재를 시작한 후, 잘 읽고 있다면서 '언젠가 내 고민도 한번 다뤄달라'는 문자가 오긴 했습니다.

'오빠는 지금 상담자가 필요한 거구나⋯⋯.'

내가 밥을 사겠다고 문자를 작성했다가 얼른 지우고 다시 썼습니다.

"정말 대단하세요! 25년 동안 한 직장에서 꼭 필요한 사람으로 사셨다는 거! 저는 축하해드릴게요. 맛있는 밥 사주세요!"

워낙 말이 없고, 집안의 장남, 장가가서는 맏사위로 양가의 대들보 역할을 헤온 분이었습니다. 벌써 퇴직이라니……. 놀라서 나이를 계산해보니 쉰다섯이더라고요. 대학 졸업 후 한 직장에서 25년간 일했으니, 그 허탈감은 감히 내가 가늠할 수 없는 깊이일 것 같았습니다.

종로 한복판. 은발로 변해가는 헤어스타일에 중후한 멋을 풍기는 중년 남자를 만났을 때, 애써 더 크게 웃으며 맞이하는 내가 그를 더 어색하게 했나 봅니다.

"나 괜찮아. 위로하려고 애쓰지 마."

부대찌개에 소주 한 병. 오빠는 애써 웃으며 "오늘은 특별한 날이니까, 반주 한잔해도 되지?"라고 물었고, 나는 "두 병도 돼요"라며 너스레를 떨었어요.

"근데, 너는 왜 내일부터 뭐 할 거냐고 안 물어봐?"

"얼마나 많이 받은 질문이겠어요? 그리고 오빠 스스로 얼마나 많이 한 고민이겠어요."

"우리 마누라는 내일부터 도배 학원에 다니라고 강력 추천하더라. 도배 기술자가 돈을 많이 번대. 허허."

"에이, 언니가 농담하신 거죠. 웃자고 한 말에 상처받은 것 아니죠?"

순간, 나는 보고 말았습니다. 입을 크게 벌리고 웃는 오빠의 왼쪽 뺨을 타고 흐르는 눈물 한 줄기를…….

오빠는 우울증이 심해진 것 같다며 도움을 청했습니다. 불면증, 불안감, 무기력 때문에 고통을 겪은 지 2~3년이나 됐는데 병원에 갈 용기도 상담을 받을 용기도 나지 않는다고 해요. 도움을 받고 싶다는 생각이 들 때마다 자신이 더 초라하고 나약한 사람 같아서 자괴감만 더 깊어졌노라고, 당분간 쉬면서 '인생 2모작' 재취업에 도전해봐야 할 것 같은데 그 기간이 너무 두렵다며, 가족에게는 비밀로 하고 자신을 좀 도와달라는 것이었어요.

남자의 우울증은 여자의 우울증보다 주변 사람들의 관찰과 도움을 더 많이 필요로 합니다. 본인이 숨기고, 술에 의지하는 경우가 많기 때문에 우울증으로 인한 자살률도 여자에 비해 두 배 이상 높아요. 남자들은 상담센터나 병원의 도움을 받는 것을 '패배자'가 된 것으로 인식하는 경우가 많아서 술자리에서 사람들과 어울리며 우울증을 해소해보려 애쓰지요. 하지만 이는 자신의 증세를 은폐하고 외면하는 것일 뿐이에요. 증세가 호전되기보다 악화되기가 더 쉽습니다. 특히 혼자 술을 먹는 것은 증세를 악화시키는 위험한 행동이에요.

남자의 우울증은 사회적인 이슈와 관련이 깊습니다. 명예퇴직이나 감원에 대한 압박감, 경제적인 불안감이 피로감을 증폭시키고, 깊은 좌절감에 빠지게 하죠. 경쟁에서 밀려나 능력 없는 남자, 무능한 가장이 됐다고 느끼는 순간 남자들은 급속히 우울해져요. 가장 가까운 아내에게 화를 내거나 짜증을 부리고, 대화를 거부하기 시작합니다. 그러면 보통의 아내들은 더 크게 화를 내거나 짜증을 내면서 남편을 무능력한 가장으로 몰아붙이기 일쑤죠. 이렇게 서로에게 더 큰 상처를 주면서 함께 우울증으로 빠져드는 부부가 의외로 많습니다.

남자의 우울증은 본인이 빠져나오려고 적극적으로 노력하는 것이 무엇보다 중요합니다. 이때 가족과 주변 사람들이 도와주면 더 좋은 효과를 볼 수 있어요.

살기 위해
더 크게
울어야 해요

•   박범신의 산문집 『남자들, 쓸쓸하다』는 남자가 어떻게 길러지고 가장이 되고 마침내 허깨비처럼 상실돼가는지 담담하게 풀어냅니다. 그 책에 이런 문장이 나옵니다.

"아버지는 또 속으로 저승사자를 향해 외치고 있었을 것이다. 난 지금 못 가. 저 어린 것 때문에 못 가. 나는 아버지야. 아비 노릇 저것 클 때까진 해야 해⋯⋯."

쉰일곱 젊은 아버지를 잃은 나는 이 문장을 안고 며칠 밤을 울었습니다. 아버지가 살아 계시는 동안 가족 앞에서 우시는 모습을 보지 못했습니다. 아버지는 힘들다고, 나도 외롭다고 말했어야 했어요. 때로는 울었어야 하고요. 암에 걸려 죽어갈 때는 두렵다고, 살고 싶다고 말했어야 합니다. 크게 울었어야 해요. 아버지는 얼마나 많은 밤을 혼자 울며 지새웠을까요.

엄마는 아버지가 우는 것을 딱 한 번 본 적이 있다고 했습니다. 병원에서 암 선고를 받던 날, 의사가 "담도암입니다. 마음의 준비를 하셔야겠어요. 6개월 정도 남았습니다"라고 무심하게 말하던 날이었답니다. 말없이 앞장서서 걷던 아버지가 느리게 느리게 뒤따라 오던 어머니를 돌아보고 애써 웃으며 "여보, 나 마지막으로 담배 한 대만 피울게"라고 하셨대요.

버스 정류장 표지판 아래서, 우리 집과는 반대 방향으로 사라져가는 버스를 하염없이 바라보던 남자……. 담배 연기를 내뿜는 그의 푹 꺼진 볼을 타고 흐르는 눈물 한 줄기를 엄마는 보고 말았다네요.

수년 전 박범신의 『소금』을 읽었을 때, 나는 아버지의 장례식장에서 울지 못한 울음을 다 쏟아냈습니다. 자본주의가 장악한 시대, 돈 잘 버는 아비가 좋은 아비이고, 아비의 소금기를 빨아먹는 것쯤이야 당연하게 여기는 시대. 아비는 쓰러져서 "물 좀 주소" 외치는데, 핏줄이라는 이유로 오늘도 우리는 어떠한 미안함도 없이 아버지의 목에 빨대를 꽂습니다. 과연 윤리적인가? 소설은 우리에게 묻습니다.

  암 선고를 받은 명우는 목에 빨대가 꽂힌 '아버지'라는 삶을 버리고 가출하고, 딸은 그를 찾아 헤맵니다. 내 아버지도, 지금 등짐을 지고 걸어가는 모든 아버지도 가끔은 집을 버리고 가출하고 싶었을 거예요. 쓸쓸하고 눈물겨운 아버지의 모습은 그의 글 속에서 자주 등장합니다. 자신의 소금기를 다 빨려버린 이 시대 아버지들의 이야기. 꿈 같은 것은 일찌감치 포기한 아버지, 굴욕과 모욕을 견디느라 쓰러진 아버지의 목에 빨대를 꽂고 단물을 빨아먹는 우리가 읽어야 할 이야기.

  나이 들수록 예민해진 감수성 때문에 울고 있는 남자들을 만나면 아버지가 떠올랐습니다. 나는 아버지가 돌아가시고 나서야 그를 이해하게 됐어요. 내 아버지도 오욕칠정을 가진 남자였구나. 굴욕을 견디고 욕망을 삼키고 목에 빨대가 꽂힌 채 우리에게 소금기를 빨아먹히고 쓰러져 죽은 게 내 아버지였다는 것을 깨달았어요.

  상담을 요청해오는 남성들은 50대가 가장 많습니다. 용기를 내어 상담을 신청하고서도 자신의 감정을 말로 표현하지 못하고, 대개는 몇 마디 말이 나오기도 전에 눈물부터 나와버립니다. 남자들은 힘들다고 말하면 안 되고, 우는 것은 더더욱 안 되고, 여전히 강한 남자이자 남편이자 아버지로 끝까지 '버티기' 위해 침묵하다가 마침내 우울증의 수렁에 빠지고 맙니다. 침묵이 미덕이라는 믿음에 길들어 침묵하면서 말도 잃고, 자신도 잃어가는 것입니다.

이제 살기 위해서 더 크게 울어야 합니다. 우리의 감정을 담는 마음그릇에 좌절, 슬픔, 허무함, 우울과 같은 부정적인 감정이 가득 담기면 자주 비워내야 해요. 그래야만 빈 그릇에 새로운 의욕과 희망을 담을 수 있거든요. 가장 가까이 있는 가족이 살펴보고 물어보고 들어주고 공감해준다면, 혼자 우는 남자들이 사회 속에서 같이 웃는 멋진 중년으로 다시 태어날 수 있습니다.

부정적인 감정을
쏟아내지 않으면
몸이 병들어요

●　　　독일에는 '남자가 울어야 그 가정이 건강하다'라는 속담이 있습니다. 독일에 있을 때 만난 이웃 아저씨는 웃음도 눈물도 많은 분이었어요. 재미있는 이야기가 생기면 언제든지 달려와서 그 얘기를 나누고 실컷 함께 웃고, 속상한 일이 있을 때는 맥주를 사 들고 와서 "딱 30분만 내 얘기를 들어줘"라며 얘기를 하셨어요. 사고로 아내를 잃고 자녀들은 유학 가고, 혼자 사는 분이었어요.

나는 잘 알아듣지 못했지만, 남자의 눈물을 보는 것만으로도 덩달아 눈물이 줄줄 흘렀어요. 그분은 30분이라는 시간을 꼭 지켰고, 다음 날은 더 맑은 얼굴로 모두에게 "할로!"를 외쳤어요. 그

때 알았습니다. 그분이 늘 밝게 웃을 수 있는 것은 가끔 자기 얘기를 하며 실컷 울 줄 아는 용기를 가졌기 때문이라는 사실을……. 내일 다시 웃으며 살기 위해서 오늘 울어야 하는구나……. 속담에 담긴 뜻을 비로소 알게 됐습니다.

그에 비하면 한국 남자들은 '남자는 태어나서 세 번 울어야 한다'라고 세뇌 교육을 받습니다. 나도 모르는 사이 내게도 그런 고정관념이 뿌리내려서, 울지 않는 남자를 강한 남자라고 생각했습니다.

그런데 상담 현장에서 눈물 흘리는 중년 남성들을 만난 뒤로는 한국 남자들이야말로 더 많이 울어야 한다고 생각하게 됐어요. 한국의 아버지들이 병드는 이유는 '남자는 울어선 안 되고, 늘 강해야 한다'라는 사회적 강요 때문입니다.

한때 '웃음치료'가 유행한 적이 있습니다. 웃는 것, 물론 좋지요. 하지만 마음속에 눈물이 가득한 사람은 억지로 웃는다고 아픈 마음이 치유되진 않습니다. 내 마음에 쌓인 슬픔을 쏟아내는 데는 운전할 때, 혼자 방에 있을 때, 음악을 크게 틀어놓고 실컷 우는 것이 웃는 것보다 훨씬 더 효과적이에요.

일본에는 실제로 '울음치료과'가 있는 병원도 있어요. '마음이 괴로울 때 울지 않으면 장기가 대신 운다'라는 말도 있습니다. 슬프고 우울한 부정적인 감정들을 쏟아내지 않으면, 내 몸이 병듭니다. 감정을 표현하는 데 익숙하지 않고, 삼키고 참는 것이 '사나이'라고 강요당해온 한국의 남자들이야말로 진짜 피해자예요. 울지 못해서 마음이 병들고, 장기가 병들어서 혼자 온몸으로 울고 있는 남자들……. 바로 내 아버지, 내 남편의 모습일지도 모릅니다.

눈물을 흘리기 전까지는 몸이 불안한 흥분 상태인 것처럼 느껴지지만, 눈물로 감정을 배출하기 시작하면 놀랍게도 자율신경계가 안정 상태로 진입합니다. 일본 도호대학교 의학부의 아리타 히데오 교수는 "큰 소리로 우는 것은 뇌를 리셋reset하는 데 큰 효과가 있다. 실제로 암 환자들에게 '울음치료'를 했더니, 면역력이 높아지고 암세포가 작아졌다"라는 연구 결과를 발표하기도 했어요.

영화치유 수업을 하면서 울음치료의 효과를 중년 남성들에게서 자주 발견합니다. 여자들은 생활 속에서 울 기회도 많고, 심지어 '여자가 울면 아름답다'라는 소리도 자주 듣지요. 하지만 울 기회가 없어서 참기만 하던 남자들은 슬픈 영화 장면을 만났을 때 그것을 핑계로 울기도 해요. 그것도 아주 용기 내어서 조금 울죠. 그 정도라도 참 다행이라는 생각이 듭니다. 울기 시작해야 마음에 숨겨두었던 자기 이야기를 비로소 조금씩 꺼낼 수 있게 되니까요.

남자가 울어야 그 가정이 건강하다고, 이 글을 읽은 분들이 소문을 많이 내면 좋겠습니다. 그래서 우는 남자들이 부끄럽지 않게, 가끔은 소리 내 울 수 있었으면 좋겠어요.

"대한민국의 남자 분들, 소리 내어 우세요. 그러지 않으면 당신의 장기가 대신 울어야 합니다!"

웃음치료보다
울음치료

●　　　　한창 예쁘게 화장하고 연애하고 싶은 나이 20대 초반에 화농성 여드름이 얼굴을 뒤덮어서 마음고생이 심했습니다. 오랜 짝사랑의 고통에서 벗어나고자 용기를 내 고백했는데, '아뿔싸!' 가끔이라도 볼 수 있던 그 얼굴을 아예 볼 수 없게 됐죠.

고백은 뭐 하러 했을까……. 속을 태웠더니 노란 고름이 부풀어 오르는 여드름이 얼굴을 뒤덮었어요. 감추려고 커버력 강한 화장을 하기 시작했더니 여드름이 더 악화되고 말았습니다. 온갖 연고를 바르고 약을 먹어도 나아질 기색이 없었습니다. 기숙사에 살아 혼자 울 수도 없었지요. 속상할 때마다 샤워기를 세게 틀고 실컷 울었어요. 그런데 울수록 피부가 좋아지더라고요.

그때 의대 다니는 언니한테 "눈물에 살균, 해독 성분이 있으니 더 울어"라는 말을 듣고, 저는 밤마다 씻으며 더 열심히 울었어요.

그랬더니 나를 병들게 했던 자기비하와 우울, 분노의 감정까지 해독되고 살균되는 효과를 체험했어요. 그 뒤로 저는 나름 '꿀피부'란 소리를 듣고 있답니다.

사실 '울음의 효과'를 내게 삶으로 알려준 사람은 우리 엄마예요. 종갓집 맏며느리로서 1년에 제사를 열네 번씩 지내야 했고 '마누라 몰래 보증 서기'가 특기였던 남편과 27년을 살고, 2000년부터 혼자가 된 우리 엄마는 얼굴에 그늘이 없고 검버섯도 없어요. 웃는 모습이 참 예쁜 '동안' 할머니지요.

"엄마, 나라면 못 살았을 것 같아. 오늘까지 잘 살아낸 비결이 뭐야?"

"하루 날 잡고 울기! 집에 아무도 없고 혼자 있는 날, 창문 꼭꼭 잠그고 TV 소리 크게 올리고 엉엉 울기! 느그 아부지가 많이 속 썩일 때는 울면서 장롱도 쾅쾅 치고, 다리도 동동 구르고 그랬다. 속이 얼마나 후련해지는지 몰라. 그러고 나서 거울을 보면 막 웃음이 나와. 미운 신랑도, 시어머니도 다 불쌍해지고……. 웃으면서 다시 식구들을 볼 힘이 생기더라고."

분노와 죽음의 관계를 연구한 미국 노스캐롤라이나대학교의 달스 트롬 교수는 스물다섯 살 청년들을 두 그룹으로 나눠 25년간 지켜봤습니다. 대인관계에서 분노를 많이 느끼는 그룹, 그리고 분노를 잘 느끼지 않거나 분노의 감정을 빨리 해소하는 그룹으로 나눴어요. 그들이 50대가 됐을 때 분노를 잘 느끼는 그룹이 반대의 경우보다 심장 질환자는 다섯 배나 많았고, 사망률은 일곱 배가 높았습니다.

분노의 감정은 생겼을 때 즉시 배출해야만 해요. 우리는 흔히 '감정을 삭이다'라는 표현을 씁니다. '삭이다'의 사전적 뜻은 '화가 풀려 마음이 가라앉다'인데, 우리는 흔히 눈물을 참고, 내 감정을 외면하고 은폐하면서 '삭였다'고 믿어버리는 경우가 많아요. 분노를 삭이는 가장 좋은 방법은 소리 내어 엉엉 우는 것입니다.

속상하고, 화나고, 짜증 나고, 분노가 치밀어 오를 때 사람들 앞에서 화를 내기보다 혼자 조용한 곳에 가서 실컷 울어보세요. 감정을 배출하며 흘리는 눈물에는 우리 몸에 쌓아두면 독이 되는 성분들이 다량 섞여서 배출되므로 해독 작용이 뛰어납니다. 그뿐 아니라 부교감신경이 확장되며 면역력이 향상됩니다. 울음은 비뇨생식기·심혈관계·소화기계를 활성화하고 골격과 근육을 튼튼하게 하며, 장 면역력을 증가시키기 때문에 혈액순환이 원활해집니다.

우울감을 활성화하는 망간을 배출하는 것도 눈물입니다. 해독작용과 더불어 내장과 골격, 혈관 모두 좋아지니 젊어질 수밖에 없어요. 노화가 느려지고, 피부도 건강하고 부드러워집니다.

눈물의 성분 중 하나인 라이소자임은 세균을 사멸시키는 힘이 강해서 눈과 얼굴에 있는 세균을 죽이는 데 탁월한 효과가 있습니다. 스무 살 제 얼굴을 뒤덮었던 화농성 여드름을 죽인 것도 매일 밤 마음껏 흘렸던 내 눈물 속의 라이소자임이었다고, 저는 지금도 굳게 믿고 있답니다. 우리 엄마 권 여사가 고모할머니들의 조언대로 짐 싸서 도망가지 않고, 지금도 맏며느리로서 즐겁게 추석 차례상을 차릴 수 있는 것도 모두 울음의 힘이랍니다.

위로는
말이 아닌
눈빛과 체온으로

●　　　　"고생 덜하고 잘 가셨다고 생각해. 자식들에게 부담 안 주려고 빨리 가신 거야."

"힘내고 밥 먹어! 산 사람은 살아야지……."

암 선고를 받고 6개월 만에 쉰일곱의 아버지가 돌아가셨을 때 장례를 치르는 3일 동안, 문상객들로부터 가장 많이 들은 위로의 말입니다. 하지만 들을 때마다 마음이 불편했고, 차라리 사람들이 아무 말 하지 않고 같이 슬퍼해주면 좋겠다는 생각이 들었어요.

울다가 탈진한 어머니에게는 "아직 젊은데 과부로 살 순 없지. 차차 재혼도 생각해" 이런 조언을 해주는 어른들도 있었으니……. 위로의 말 잔치가 상을 당한 가족에게 2차, 3차 상처를 주고 있었습니다.

마음은 고맙지만, 아버지를 잃은 어린 자식이나 남편을 잃은 젊은 여자가 어떻게 고인을 두고 '잘 가셨다'고 생각할 수 있을까요. 산 사람은 살아야 한다며 국밥을 입 한가득 떠 넣으며 힘을 낼 수 있을까요. 상도 치르지 않은 과부가 자신의 젊음을 안타까워하며 재가를 생각할 수 있을까요……. 위로의 말이 우리 심장을 수없이 찔러 댔습니다.

저희 외할아버지와 할머니는 아흔 가까운 연세에 돌아가셨어요. 40년 동안 사랑을 받은 저는 그 시간만큼 슬펐고, 엄마는 66년 세월만큼 슬프다고 하셨죠. 가족은 함께한 시간과 추억만큼 슬픔이 깊었어요. 그런데 장례를 치르는 내내 상주들이 수없이 들은 말이 '호상'이라는 단어였습니다.

"호상이라니……. 세상에 호상은 없다. 너희는 상가에 가서 말실수를 하지 말아라. 차라리 말을 하지 말고, 같이 울어주어라. 위로는 말로 하는 게 아니다. 시부모님과 부모님, 남편까지 상을 다섯 번 치르는 동안 가장 견디기 힘든 말이 호상이었어."

아버지 상을 치른 지 20년. 하지만 선명하게 가슴에 찍힌 장

면들이 있습니다. 대학 1학년 때 고만고만하게 친했던 동기 여준이. 입대 후에는 소식조차 끊겼었죠. 3일장을 치르는 동안 많은 사람이 다녀갔고, 서울서 부산까지 내려와 준 고마운 친구들이 많았지만, 여준이는 그 속에 없었어요. 그런데 화장터에서 모든 장례 절차가 끝났을 때, 기둥 뒤에 서 있는 여준이를 처음 발견했어요. 저는 깜짝 놀라서 여준이에게 다가갔습니다.

"너 언제 온 거야?"

"첫날, 밤에 왔지······."

"난 너를 지금 처음 봤는데?"

"너한테 뭐라고 위로를 해야 할지······. 도무지 얼굴을 볼 자신이 없어서······. 식당에서 설거지만 했어······. 인사도 못 하고 미안하다······."

장례식장 뒤쪽 식당에서 설거지를 도맡아 하는 청년이 있다는 말을 듣긴 했지만, 그게 여준이라고는 상상도 못 했어요. 장례의 모든 절차가 끝난 다음에야 여준이는 처음 내게 다가와서 붉어진 눈으로, 아무 말 없이 손을 꼭 잡아줬습니다. 그제야 저는 소리 내어 울 수 있었습니다.

그리고 정순이. 저보다 2년 먼저 아버지를 잃은 친구는 입시학원에서 강의하느라 몹시 바빴고 퇴근도 늦었습니다. 막차를 타고 와서 이틀 동안 아무 말 없이 제 가까이에 앉아 있다가 손님 접대를 도왔어요. "마음 충분히 받았으니 집에 가서 자라"라고 말하는 제게 그녀가 말했어요.

"너도 우리 아버지 가셨을 때, 8월 염천에 산꼭대기 장지까지 왔었잖아. 장례 끝난 후에는 우리 집에 와서 오래 앉아 있다가 갔어."

곁을 지켜주던 정순이의 모습도 잊을 수 없는 한 장면으로 오래 남아 있습니다.

그 후로 저는 장례식장에 가면 말보다는 체온으로, 그리고 행동으로 위로의 마음을 전하려 애썼습니다. 가족이 문상객들을 위해 상을 차리고 설거지를 하는 문화는 없어진 지 오래지요. 장례 업체에서 파견된 도우미 아주머니들이 그 역할을 맡아서 하니까요. 그래서 저는 신발 정리를 하기 시작했어요. 고인이 저와 가까운 관계였거나 상주가 저와 가깝다면, 흰색 장갑을 준비해 가서 현관 입구에서 문상객들이 벗어놓은 신발을 정리합니다. 시간이 허락되는 대로 30분을 할 때도 있고, 서너 시간을 하다 올 때도 있어요. 상주가 기억을 해줘도 고맙고, 기억을 못 하거나 보지 못했어도 상관없어요.

애도하는 내 마음의 온도만큼 위로를 전하고, 예를 다했다는 생각에 마음만은 편했으니까요.

『논어』「팔일」편에 "상제를 행할 때도 겉치레에 치우치느니 차라리 진심으로 슬퍼함이 낫다"라는 구절이 있습니다. 상주가 된 사람도, 조문을 가는 사람도 어떻게 예를 행해야 할지 걱정하게 됩니다. 고인의 명복을 비는 기본은 겉치레의 말과 행동보다는 진심으로 슬퍼하는 것입니다. 더불어 상주에게 필요한 위로는 말이 아니라 마음을 담은 눈빛과 체온을 나누는 것이 아닐까요.

박상미의
고민 상담실

실컷 울고 나니 속이 시원했던 경험이 있나요?

어쩌면 그런 경험이 없을지도 몰라요. 참지 말고 내 감정을 해소하고

힘든 감정을 비워내는 연습을 해보면 좋습니다.

울음치료도 좋지만, 다른 방법으로 내 감정을 시원하게 비워낼 수 있

다면 더없이 좋지요. **나는 무엇을 할 때 부정적인 감정이 해소되나**

요? 감정이 편안해지는 것을 느끼나요? 나의 마음을 발견해 주세요.

잘 모르겠다면, '앞으로는 이렇게 해보자' 계획을 써보세요.

써보는 것만으로도 마음이 시원해진답니다.

사는 동안, 내가 정말 힘들었던 시기에 나에게 따뜻한 위로를 전해준 사람이 있나요? **마음에 와닿은 위로의 말을 소중하게 기록해볼까요?**

과거라는 전생을 잊고
오늘을 살아야 해요

'그때 거기 가지 말았어야 해', '그때 그 사람 만나지 말았어야 해', '그때 그 사람 믿지 말았어야 해', '그때 결혼하지 않았어야 해', '그때 A 말고 B를 선택했어야 해', '그때 거기 투자하지 말았어야 해……'

● 누구나 지난 일에 대해 후회를 합니다. 과거에 한 결정을 후회하고 자책하면서, 나 자신을 용서하지 못해서 괴로워하기도 합니다. 순간의 잘못된 판단이나 성급한 선택으로 오랜 시간 고통을 겪기도 하고, 가족까지 힘들게 하는 경우도 있습니다. '지금 알고 있는 걸 그 때도 알았더라면!', '시간을 다시 그때로 되돌릴 수 있다면……' 한 번쯤 이런 생각을 해보지 않은 사람은 없을 거예요.

● 얼마 전, 오랜만에 고향 친구를 만났습니다. 남편의 외도 때문에 2년 동안 이혼소송을 하느라 심한 우울증을 앓고 있는 친구를 위로하는 자리였어요. 동창 중에 학력, 외모, 경제력 등 모든 게 가장 뛰어나서 늘 친구들의 부러움을 샀던 친구입니다. 재산 분할, 위자료, 양육권 싸

움이 2년 넘도록 해결되지 않고 있었고, 그 친구는 스트레스 때문인지 몸무게가 10킬로그램 이상 늘었어요. 대기업 입사 18년 차, 최연소 여성 부장으로 인정받던 그 친구는 지난달 휴직계를 내고 상담치료를 받기 시작했습니다.

"이 사람을 만나지 말걸, 이 사람과 결혼하지 말걸…… 처음엔 이게 후회됐지. 선택을 잘못한 나 자신을 끊임없이 학대했어. 어쩌면 남편보다 나 자신을 용서할 수 없었던 것 같아. 나를 불행하게 한 그에게 복수하고 싶었어."

"그랬구나……. 복수하고 싶었구나……."

"억울하고 분해서 목숨 걸고 재판을 시작했는데, 2년간 재판을 하는 동안 나는 더 병들었어. 이혼소송을 하지 말걸, 그냥 미련 없이 헤어질걸…… 2년 동안 과거의 일들을, 서로의 치부를 낱낱이 벗겨가며 과거의 지옥 속에서 살았어. 이젠 너무 지쳐서 재판도 그만하고 싶어. 재산 분할도, 위자료도, 양육권도 다 포기하고 싶어져."

"그 정도로 지쳤구나. 복수하고 싶은 마음은 좀 해소가 된 것 같아?"

"결국 내 인생만 허비했어. 우리는 2년 전에 이미 회복할 수 없는 관계였어. 깨끗하게 정리하고, 원만하게 합의하고, 미련 없이 헤어졌어야 해. 복수하고 싶어서 시작한 일인데, 나는 더 많은 걸 잃고 말았어. 깨끗이 내려놓고 정리했어야 했는데. 그러면 2년 동안 내 삶을 살 수 있었을 텐데……. 회복할 수도 없는 과거에 갇혀서 현재를 망쳤어. 너무 후회돼."

저는 대꾸 대신 친구에게 시 한 편을 읽어줬습니다.

그렇게 소중했던가*

−이성복

버스가 지리산 휴게소에서 십 분간 쉴 때, 흘러간 뽕짝 들으며 가
판대 도색잡지나 뒤적이다가, 자판기 커피 뽑아 한 모금 마시는데
버스가 떠나고 있었다. 종이컵 커피가 출렁거려 불에 데인 듯 뜨거
워도, 한사코 버스를 세워야겠다는 생각밖에 없었다. 가쁜 숨 몰
아쉬며 자리에 앉으니, 회청색 여름 양복은 온통 커피 얼룩, 화끈
거리는 손등 손바닥으로 쓸며, 바닥에 남은 커피 입안에 털어 넣었
다. 그렇게 소중했던가, 그냥 두고 올 생각은 왜 못 했던가. 꿈 깨기
전에는 꿈이 삶이고, 삶 깨기 전에는 삶은 꿈이다.

● 흘러간 과거는 돌이킬 수 없는 '전생'과 같아요. 후회하면서 과거 속
에 갇혀 사는 건 전생에 갇혀서 사는 것과 같고, 꿈속을 헤매는 것과
같죠. 꿈 깨기 전에는 꿈을 삶이라고 착각합니다. 꿈에서 깨어나 '오늘'
의 삶을 살아야 해요. 그동안 고생 많이 했어요. 하지만 헛되지 않아요.
지금 얻은 깨달음 덕분에 앞으로는 후회 없이 나를 사랑하면서 잘 살
수 있을 거예요. 나의 가장 좋은 친구는 나예요. 마음 근육 튼튼해진
나를 만나고 싶지 않나요?

'자, 이제 내일의 문을 자신 있게 열 차례예요!'

---

* 이성복, 「그렇게 소중했던가」, 『달의 이마에는 물결무늬 자국』, 문학과지성사, 2012.

6장

나

나를 알아야
나를 잘 키울 수 있다

세상이
나를 알아주지 않아
괴로운 마음

"연애할 때는 무엇이든 자신감 넘치는 모습이 좋았어요. 천재 같아 보이기도 했고요. 그런데 사람들이 자기 능력을 인정하지 않으면 견디지를 못합니다. 그리고 사람들이 자기 실력을 시기하고 질투한다고 생각해요. 항상 자기보다 잘난 사람들, 권력 가진 사람들과 어울리면서 그들과 대등하다는 환상에 젖어 있는 남편. 내실은 다지지 않고 세상이 자기를 알아주지 않는다고 원망하고, 진심으로 조언해주는 사람들을 멀리하고, 늘 새로운 사람을 찾아 나섭니다." ─ 36세, 여

●　　물에 비친 자기 모습에 반해서 물속에 몸을 던진 나르키소스의 이야기는 그리스 신화를 통해 알려져 있죠. 나르키

소스의 이름을 따서 독일의 네케가 만든 용어가 나르시시즘 narcissism인데, '자기 자신이 매우 뛰어나다고 믿는 성향'이나 '지나친 자기중심성 성격 또는 행동'을 일컫습니다. 유년기나 청소년기를 떠올려보면 주체성을 형성하는 기간에 누구든 한 번쯤은 나르시시즘에 빠진 경험이 있을 거예요. 성인이 된 후에 그 증상이 강해지면, 정신분석학에서는 보통 인격적인 장애 증상으로 봅니다.

저도 종종 스스로 '천재'라고 생각하는 사람들을 만납니다. 대학이나 연구기관에서 학문을 연구하는 사람들, 예술 하는 사람 중에 특히 많아요. 정신분석학에서는 '자기애성 인격 장애'라고 정의하는데, 자신의 분야에서 명성을 얻고자 하는 욕구가 매우 강하고 주위 사람들로부터 관심을 끌고 존경을 받고자 애쓰죠. 자신이 제일 똑똑하고, 외모든 능력이든 항상 사람들의 관심의 대상이 돼야 하며, 이 때문에 내면의 충실보다는 겉치장에 더 관심이 많지요.

당연히 멋진 사람들과 어울리는 것을 좋아하지만, 어떤 일에 실패하거나 실의에 빠질 때는 자신에 대한 열등감·수치심·허무감으로 괴로워합니다. 지위를 얻고 성공하기 위해서는 대인관계에서 타인의 능력을 착취하는 사기성을 보이기도 합니다. 논문 표절, 논문 조작 등이 예가 될 수 있어요. 학자 중에는 '황우석' 같은 사람을 예로 들 수 있겠네요.

유년기에 부모에게 인정받지 못하고 관심과 사랑을 받지 못한 사람, 과잉보호를 받으며 자란 사람, 타인에게 양보하는 것을 배우지 못한 사람 또는 부모가 아이에게 특별한 존재가 되기를 강요하며 양육한 경우에 많이 나타납니다. 이들은 성장기에 자기 한계를 수용하고, 타인의 비판을 받아들이고, 좌절을 견디면서 건강한 자존감을 형성하는 발달 과정을 거치지 못했을 확률이 높죠. 이런 경우 타인의 능력에 대해서는 평가 절하하고, 자신에 대해서는 과대평가하는 성향이 강해집니다.

잠시 체크해볼까요? 다음 중 다섯 가지 이상 항목에 해당하면 자기애성 인격 장애에 해당합니다(서울대학교병원 의학정보 제공).

1. 자신의 중요성에 대한 과대한 느낌을 가지고 있다(예: 성취와 능력을 과장한다. 적절한 성취 없이 특별대우 받는 것을 기대한다).
2. 무한한 성공, 권력, 명석함, 아름나움, 이상적인 사랑과 같은 공상에 몰두한다.

3. 자신의 문제는 특별하고 특이해서 특별히 높은 지위의 사람(또는 기관)만이 그것을 이해할 수 있다고 믿거나 그가 관련해야 한다고 믿는다.

4. 과도한 숭배를 요구한다.

5. 특별한 자격이 있는 것 같은 느낌을 갖는다. 즉 특별히 호의적인 대우를 받기를 원하고, 자신의 기대에 대해서는 순응하기를 기대한다.

6. 대인관계에서 착취적이다. 즉 자신의 목적을 달성하기 위해서 타인을 이용한다.

7. 감정 이입의 결여. 즉 타인의 느낌이나 요구를 인식하거나 확인하려 하지 않는다.

8. 다른 사람을 자주 부러워하거나 다른 사람이 자신을 시기하고 있다고 믿는다.

9. 오만하고, 건방진 행동이나 태도를 보인다.

자기애성 인격 장애는 삶을 끝까지 힘겹게 해요. 두 가지 정도에 해당하는 사람은 많을 거예요. 세상이 내 실력을 너무 몰라주는 것 같아서 속상하고, 자꾸 잘난 척하고 싶죠. 왜 그런 걸까요?

저도 예전에는 잘난 척이 무척 하고 싶었어요. 지금도 그런 건 아닌지 스스로를 돌아볼 때가 많아요. 잘난 척하는 사람들의 심리가 궁금하죠? 다음을 볼까요.

인정받지 못하면
어떡하나
두려운 마음

●   방송에 출연하면서 알게 된 A로부터 연락이 왔습니다. 꼭 만나서 이야기하고 싶다더군요. 최근에 그녀가 매스컴을 비롯해 여러 곳에서 종종 언급되는 것을 보고, 진심으로 축하해 주고 싶었고 안부가 궁금하기도 해서 약속을 잡았습니다.

3년 가까이 알고 지낸 A는 세상이 자신의 능력을 제대로 알아주지 않는다며 늘 속상해했습니다. 자신의 능력에 비해 운이 안 따른다고 생각하는 듯했어요. 그런데 이제는 물 만난 고기처럼 신나게 활동하고 있습니다.

자리에 앉자마자 그녀는 요즘 자신이 얼마나 바쁜지 설명하느라 식어가는 밥에는 관심이 없었습니다. 그녀의 속도에 맞추다가는 밥을 다 남길 것 같아서, 눈치껏 먹어가며 맞장구를 쳤어요. 하지만 나도 곧 밥 먹기를 포기하고 말았습니다. 남의 이야기를 들어주는 것이 내 본분임을 잊지 않으려 애썼지만, 과장된 자기과시가 길어지자 속에서 짜증 지수가 조금씩 올라가기 시작했거든요. 그녀가 불꽃을 피우는 속도와 분위기에 맞추자면 '축하한다, 대단하다'라는 말을 계속 추임새로 넣어주어야 했지만, 더는 말이 나오지 않았습니다. 식사를 마치고 차를 다 마실 때까지 그녀는 사람들이 얼마나 자기 이야기에 빠져드는지 활약상을 쏟아냈어요.

창밖에는 냉기를 품은 밤비가 귀가를 재촉하고 있었습니다. 시간도 꽤 지났고 이제 그만 일어서자고 했는데 그녀가 고민이 있다며 나를 끌어 앉혔습니다. 그녀가 말을 시작했습니다.

"우리나라 사람들 참 질투가 많아요. 처음에는 칭찬하고 격려를 해주던 사람들이, 이제는 내 욕을 하고 다녀요. 내가 좀 유명해지고, 돈도 잘 버는 것 같으니까……."

"그게 누구예요? 직접 들은 적 있나요?"

"꼭 직접 들어야 알아요? 가까운 사람이 전해주던데 다 근거가 있지 않겠어요?"

그녀가 이런 고민을 하고 있다는 건 종종 SNS에 올리는 글을 보고 알고 있었습니다. 3~4회는 자기과시 포스팅, 1회는 '나를 모함하고 헐뜯는 사람들 때문에 속상하다'라는 포스팅이 주기적으로 반복되고 있었거든요. 내심 안쓰러웠습니다.

나는 사실 그녀와 같은 유형의 사람들을 자주 만납니다. 예전 같았으면 '묵묵히 자기 일만 열심히 하다 보면 주변의 오해는 절로 풀릴 것'이라고 위로했을 거예요. 그러나 요즘은 그렇게 하지 않아요. 진심으로 상대를 돕는 방법이 아니기 때문입니다.

주변의 오해와 그릇된 시선은 애초에 존재하지 않는 경우가 대부분입니다. 다들 자기 생활에 바쁘기 때문에 주변에 알던 사람이 갑자기 좀 잘나간다고 해서 시샘하고 말고 할 여유가 없거든요. 기본적으로 인간은 자기에게 집중하는 동물이고, 남에게는 그다지 관심을 두지 않습니다. 이걸 인정하고 나면 남을 두고 왈가왈부할 일도 없고, 남이 나에게 어떤 평가를 하는지에 일일이 신경 쓰며 마음 다칠 일도 없어집니다.

지인이 잘나가게 됐다면 인정하고 축하할 일이죠. 그런데 축하를 받는 당사자가 자신의 성취와 평판 사이에서 균형을 놓치는 일이 종종 벌어집니다. 자신의 성취보다 더 큰 평판을 기대한다는 얘기예요. 주변의 반응이 본인의 기대에 미치지 못하기에 자꾸만 자기 입으로 자랑을 하게 됩니다. 그러다 보면 남들의 평가가 더 신경 쓰이고 두려워지게 되기도 합니다. 결국 자신의 기대치와 주변의 반응 사이의 격차를 '남들이 나를 헐뜯고 다니는 건 아닌가' 하는 의심으로 채우게 되죠. 또 한편으로는 나의 능력을 인정받지 못해서 속상한 만큼 '앞으로 더 성장하지 못하면 어떡하나', '인정받지 못하면 어떡하나' 하는 두려움을 안고 있습니다. 자기 자랑을 하는 사람을 보면 진심으로 즐거워서 떠벌리는 것 같지만, 내면에는 이런 두려움이 자리 잡고 있는 겁니다.

성취와 평판의 균형을 이루기란 쉽지 않습니다. 성취에 대한 유혹은 넘치는 데 반해 성취에 딱 맞는 평판을 즐길 줄 아는 이는 드물고, 지혜를 전해주는 사람도 드물기 때문입니다. 그녀가 안쓰러웠던 건, 그녀를 통해 지난날 내 모습을 봤기 때문입니다. 다행히 나는 『논어』를 통해 깨달음을 얻었습니다.
공자는 이렇게 말했어요.

"남이 자신을 알아주지 않음을 걱정하지 말고, 자신이 능하지 못함을 걱정해야 한다."
                                                    — 「헌문」 32장

진짜 능력 있고 인정할 만한 사람은 가만히 있어도 세상에 드러납니다. 나의 능하지 못함을 걱정하며 노력하다 보면, 내가 원하는 평판은 자연히 따라오는 게 아닐까요? 내 삶의 성적표는 남이 아니라 자신이 매기는 것입니다.

나도 모르게
잘난 척하는 마음

"저는 전혀 그렇게 생각하지 않는데 고등학생, 대학생 때도 종종 잘난 척한다는 소리를 들었어요. 저를 질투하는 친구들이 험담하는 거라고 생각했어요. 그런 친구들과는 관계를 끊고, 새로운 친구를 사귀었죠. 학점이 좋아서 올해 원하던 기업에 입사했어요. 늘 긴장하면서 연수를 받았어요. 연수가 끝날 때 동기들끼리 익명 페이퍼를 돌렸는데, '잘난 척하느라 애쓰는 모습이 참 안쓰럽다'라는 문장이 있었어요. 회사에 다니기 두려울 정도로 상처를 받았어요. 모두가 저를 그런 시선으로 보는 것 같고, 예전에 친구들이 저를 험담하던 게 떠올랐어요. 밤새 울면서 생각해봤죠. 인정하기 두렵지만 잘난 척하는 모습이 제게 있는 것 같아요……. 저는 한부모 가정에서 경제적으로도 힘들게 자랐어요. 아버지랑 둘이 살면서 사랑도 많이 받지 못해 열등감이 컸어요. 그러다 보니 콤플렉스를 감추기 위해서 저도 모르게 자신을 과장하고 포장했었나 봐요. 무시당할까 봐 두려워서요……."

- 25세, 직장인

● 　마음이 많이 아프겠네요. 먼저, 원하는 직장에 취업한 것 정말 축하합니다. 어려운 환경 속에서 학점 관리도 잘하고, 면접도 잘 보고 참 대단합니다. 축하받고 기쁘게 직장 생활을 시작해야 하는데, 마음이 이렇게 아파서 어쩌지요? 하지만 자신의 문제를 스스로 돌아보고 도움을 요청한 건 용기 있는 결정이에요.

어려운 환경에서도 열심히 노력해 많은 성취를 했음에도, 진심으로 인정하고 칭찬해주는 사람들이 곁에 없었군요. 그래서 외롭고, 슬펐을 거예요. 그런 상황이면 '나의 노력과 성취에 대해서 인정받고 싶다'라는 욕망이 과해질 수 있어요. 유년기, 청소년기에 성취에 대해서 합당한 인정을 받고 자란 사람들은 굳이 남의 인정을 받기 위해서 나를 꾸미거나 과장할 필요가 없거든요. 타인에게 인정받고 싶다는 욕구는 누구에게나 있어요. 하지만 스스로 자기 삶에 만족하고 '이 정도면 괜찮아'라고 인정하는 게 먼저예요. 타인에게 주목받으면서 자기 가치를 확인해야만 만족을 느끼고 안심이 된다면 인생을 피곤하게 사는 거예요. 나를 위한 삶이 아니라 남을 위한 삶이잖아요? '내 만족'이 우선이고, 그다음에 남의 평판도 관리하면서 살면 됩니다.

인정받고 싶다는 욕구는 나쁜 게 아니에요. 하지만 그 욕구가 과해지면 자신을 과대포장하게 돼요. 남들 눈에는 자기과시가 심한 사람으로 보이는 거죠. 남의 평판에 24시간 신경 쓰기 때문에 누군가가 나를 험담하는 것 같다는 불안감에 시달리게 되고 인간관계에 더 자신이 없어집니다. 그 내면을 들여다보면 극심한 열등감에 시달리고 있는 경우가 많아요. 자기 이미지에 대한 자신감을 가지고 있는 것 같지만, 진짜 내 모습은 최고가 아니라는 것을 내면의 자아는 잘 알고 있죠. 그 때문에 극심한 불안감에 시달리게 돼요. 진짜 자기 모습을 사람들에게 들키기 싫어서 더 자신 있는 척, 우월한 척 과장하고 포장하느라 마음이 탈진 상태일 거예요. 솔직한 마음을 털어놓을 자신이 없어서 가까운 사람에게도 진심을 말하지 못하죠. 그래서 늘 외롭고요. 외형적 자아의 우월감, 내면적 자아의 열등감이 충돌하면서 자존감은 더 낮아지고, 우울의 늪에 빠지기 쉬워요.

나의 가치를 외부 세계와 타인의 평가에 맡기지 마세요. 남들의 인정을 못 받으면 어때요? 과장되고 포장된 모습을 유지하느라 감정과 시간을 소비하고, 남 눈치 보느라 신경 쓰는 일은 이제 그만두세요. 맘 편하게 살아요. 있는 그대로의 솔직한 내 모습을 좋아해주는 사람을 만나 친구도 되고 연인도 되면서 말이에요.

나를 과장하고 포장할수록 사람들은 내 곁을 떠나요. '있는 그대로의 나'를 사랑할 때 진정한 '자기애'가 생기고, 자존감도 높아져요. 그러면 '척' 할 필요가 없어진답니다. 지금 모습 그대로 당신은 충분히 멋진 사람이에요!

다르게 사는 법을
배워야 한다

●　　　　많은 사람이 나이 들수록 고집 센 노인으로 변합니다. '나이의 향기'를 풍길 수 있는 인생을 살아오지 못한 사람들이 마지막으로 탐하는 것이 '나이의 권력'인 것 같아요. 꼰대로 태어나서 늙어가는 사람은 없어요. 누구나 나이 들수록 자기 생각이 완고해지고, 내 생각의 옳음을 증명하려다 보니 자기도 모르게 나이 어린 사람들에게 '훈장질'을 하게 되는 것 아닐까요? 하지만 젊은 시절부터 타인을 배려하고 열린 생각을 하는 훈련을 해온 어른들은 청년 때보다 더 멋진 모습으로 노년을 맞는 것 같아요.

책을 많이 읽는 어른들과 대화를 하는 시간은, 풍요롭고 흥미로운 시간입니다. 일간지에 '박상미의 공감 스토리텔링'이라는 코너를 연재하면서 한 분야의 대가들을 만나 대화를 나누었어요. 진정한 어른을 만나기 힘든 시대, 어른을 찾아가서 끊임없이 묻고 지혜를 구하고 싶었어요. 평생 한 우물을 파고, 그 분야의 대가가 되고, 많은 사람의 존경을 받는 어른들의 공통점을 발견하게 됐습니다.

그분들의 공통점은 청년들보다 더 참신한 생각을 하고, 늘 새로운 도전을 한다는 것입니다. 자기 말을 많이 하기보다는 젊은 사람들의 말을 존중해주며 귀 기울여 듣고, 말은 짧고 간결하되 받아 적고 싶은 얘기만 하셨어요. 짧은 말 속에는 농익은 삶의 지혜가 담겨 있어서 오랜 시간 대화를 나눌수록 삶의 에너지를 충전하는 기쁨을 느낄 수 있었습니다. '저렇게 나이 들 수만 있다면 늙는 게 두렵지 않겠다'라는 생각이 들었어요. 그분들은 누구보다 겸손하고 유쾌하고 온화한 표정을 지니고 계셨는데, 그 에너지의 원천은 '독서'와 '토론'이었습니다.

나이가 든다고 누구나 '어른'이 되는 것은 아니라는 걸 깨달은 후부터 내가 만난 '멋진 어른들', '자주 만나고 싶은 어른들'에 대한 글을 쓰고 싶었고, 그런 책들을 많이 찾아서 읽었어요.

야마다 레이지의 『어른의 의무』도 '멋지게 나이 드는 법'을 배울 수 있는 책이에요.

저자는 10여 년간 '성공한 인생'이라 인정받는 유명인 200여 명을 만난 후, 마음으로 존경할 만한 어른들의 공통점을 찾아서 책을 썼어요. 저자는 일본 사회에서도 나이 든 사람들이 존경받지 못하게 된 지는 오래라고 말합니다. 윗사람을 존경하는 것처럼 행동하는 젊은이들도 내심 노인을 귀찮은 존재로 치부하며 상대해주지 않는 게 현실이라고 해요. 어른들은 왜 존경받으려고만 하고 어른의 의무는 다하지 않느냐고 날카로운 질문을 던지기도 합니다.

저자는 '멋지게 나이 드는 것은 우리 모두의 권리이자 의무'라고 말합니다. 불평하는 어른, 잘난 척하는 어른, 항상 무엇엔가 화가 나 있는 어른……. 이 문제를 해결하는 열쇠로 어른들이 고쳐야 할 의무 세 가지를 제시해요. 첫째 불평하지 않기, 둘째 잘난 척하지 않기, 셋째 언제나 기분 좋은 상태를 유지하기예요.

쉬운 일 같지만, 주변을 돌아보면 이런 어른을 찾아보기 힘들어요. 그러던 중 저자가 제시하는 '어른의 의무'를 완벽하게 실천하며 살고 있는 어른 한 분이 떠올랐습니다.

평론가 황현산 선생. 우리 문단을 대표하는 학자이자 문인입니다. 그는 2013년 한 남성잡지에서 뽑은 'Men of the Year'에 여진구, 엑소, 추신수, 조용필 등과 함께 선정되어 화보 촬영을 하기도 했어요. 글 쓰는 70대 노인도 이렇게 강력한 인기를 얻을 수 있다는 걸 말과 글, 몸으로 보여준 최초의 노인으로 기록될 만합니다.

그런데 2014년 가을, 그의 트위터에 일상의 변화가 감지되는 글들이 올라오기 시작했습니다. 불안했어요. 수소문 끝에 선생께서 담도암 수술을 받고 요양 중이라는 사실을 알았습니다. 큰 수술을 받고 요양 중인 어른을 굳이 찾아간 것은, 돌아가시기 전에 지혜로운 어른의 한 말씀이라도 더 받아 적어두고 싶은 욕심에서 비롯된 것이었어요. 그런데 그분의 수줍고도 편안한 웃음을 마주하자 저도 편안하고 여유로운 마음이 되어 대화를 나눌 수 있었습니다.

그 어른의 얼굴을 마주하고 한 말씀이라도 더 듣고 받아 적고 싶다고 생각하는 건 저만이 아닙니다. 많은 젊은 문인들의 소망입니다. 정릉에 있는 선생 댁을 찾았을 때, 많이 야윈 모습이었지만 갑자기 찾아든 밤의 시간을 책과 함께 고요히 보내고 계셨어요.

제 주변 사람들만 보더라도 한국 사회에서 '지식인'이라고 불리는 사람들은 물론, 문학을 좋아하는 사람들은 『밤이 선생이다』를 많이 읽은 것 같아요. 선생의 문체는 쉽지 않은데도 중독성이 강해요. 그의 책을 한 권 정독한 독자라면, 저자의 이름을 가리더라도 다섯 문장만 읽으면 '황현산의 문체'라는 것을 알 수 있지요. '이 글을 쓰는 나도, 읽는 당신도 다 옳거나 다 틀린 것은 아니지 않겠는가' 하고 독자가 생각하여 자기 것으로 받아안을 기회를 주며 조곤조곤 이야기합니다. '아닐지 모른다', '말하기 어려울 것이다', '~일 것도 같다', '반드시 ~만은 아니다'로 끝나는 종결어법이 그 예죠.

훈계하고 가르치려 드는 학자와 지식인들의 화법이 지겨워진 시대에, 지적이면서도 다정한 언어로 다층적 사고를 하도록 유도하는 문체는 그의 글을 마음에 담고 곱씹게 합니다. 그는 젊은 시인들의 가장 든든한 벗이자 스승이기도 합니다.

"젊은 시인들이 쓴 낯선 시들은 외국 시 흉내를 낸다는 오해를 받기도 하는데, 그들을 변호해주고 싶었어요. 독자들을 생각해서 쉽게 쓰라고 할 수는 없죠. 그러면 낡은 시로 되돌아갈 수도 있어요. 젊은 시인들의 시를 잘 읽어보면 재미있어요. 그러나 자기가 뭘 쓰고 있는지에 대한 자각을 하면서 열심히 써야 합니다. 더 중요한 건 왜 쓰는지 자각해야 한다는 거예요. 자각이 없으면 남 흉내만 내게 됩니다. 내가 하는 일이 무엇인지 자신에게 끊임없이 물어야 합니다. 나이 든 비평가나 시인 중에는 요즘 젊은 시인들의 시가 자기들이 감동적이라고 생각하는 시와 다르다고 화를 내는 사람들이 있어요. 우리는 도스를 썼는데 왜 너희는 윈도를 쓰느냐고 화를 내는 것과 다르지 않습니다."

황현산 선생은 트위터와 페이스북을 통해서 대중과의 소통도 활발히 하고 있습니다. 그는 같은 사안을 두고도 '다르게' 생각하고, 누구보다 '젊은' 사유를 하는 보기 드문 어른입니다. 선생의 글을 읽으면 나 자신을 반성하게 될 만큼 사유가 젊다는 느낌이 확연히 듭니다. 그래서 당신처럼 현명한 어른으로 나이 들고 싶노라고, 나이 들수록 어떤 노력을 해야 하는지를 여쭈었어요. 선생께선 이렇게 답하셨습니다.

"몸과 정신이 쇠하면 그걸 자각하고 인정해야 합니다. 늘 책을 읽고 다른 사람 말을 듣는 연습을 해야 합니다. 결국은 삶의 태도가 민주적이어야 합니다. 나이라는 권력으로 쇠한 것을 메우려고 하면 안 됩니다. 나이가 들수록 듣는 연습을 해야 하고, 토론을 해야 합니다. 그렇지 못하면 그게 바로 노망든 것이겠지요.

늙으면 모든 것이 지겨워지는 법이지요. 이어서 치매가 오고 저 자신이 지겨운 인간이 되게 마련입니다. 좀 다르게 사는 법을 배워야 합니다. 배우기를 멈추지 말고 참신하게 생각하도록 노력해야 합니다. 가장 중요한 게 책을 읽는 것입니다.

　내가 올해 칠십인데, 요즘은 책을 잡으면 그 책의 저자는 거의 나보다 젊은이들입니다. 고전 작가라 하더라도 그가 나보다 젊었을 때 쓴 글이지요. 나보다 어린 애들이 쓴 글이라고 생각하는 순간 문제가 시작됩니다. 책을 많이 읽어야만 합니다. 그런데 오래전에 손에서 책을 놓은 사람들이 많습니다. 그러면서 여전히 지식인 행세를 하지요."

　황현산 선생을 만나고 깨달은 게 있습니다. 자기검열을 두려워하지 않는 용감한 자세를 가져야 한다는 것입니다. 책을 읽지 않는 사람들이 지식인 행세를 하니, 고집이 세어지고 훈장질만 하려 듭니다. 잘 모르는 게 있으면 모른다는 점을 인정하고 파고들어 공부해야 하는데, 대충 이해하고 자기합리화에 능해져서 자기검열을 외면하죠. 아무도 못 말리는 '꼰대'가 되는 것입니다. 늘 공부하고 젊은 사람들과 소통하는 어른들은 새로운 일에 도전하고 꿈꾸기를 멈추지 않았습니다.

나이의 권력을 탐하는
'꼰대'가 되지 않으려면

•   책은 읽기 싫은데, 말 잘하고 글 잘 쓰는 어른으로 나이 들고 싶다고요? 안타깝게도, 그건 무척 힘들 것 같아요. 책이 도무지 읽기 싫다면 저자의 강연이라도 들어야 해요. 요즘은 전문가들이 직접 하는 좋은 강의가 많이 있잖아요? 직접 가서 듣기 힘들다면 인터넷을 통해서 무료로 들을 수 있는 강의도 많아요. 하지만 내가 직접 그 책을 읽고 사유하고, 강의를 듣고 질문하고, 온전한 나의 지식으로 습득하는 과정을 거친 사람과 대화해보면 자신의 한계를 극명히 느낄 수 있을 거예요. 관심이 가는 책, 재미있는 책부터 매일 조금씩 읽기 시작해보세요. 독서도 습관이랍니다.

저는 강의를 하면 할수록, 글을 쓰면 쓸수록 독서가 부족하다는 생각이 들고, 고전을 읽어야겠다는 생각이 간절해집니다. 저는 글을 쓰는 작가이고, 영화와 문학을 통해 심리학과 커뮤니케이션 강의를 합니다. 서양 학문만 공부하면 될 사람으로 보이지요. 하지만 동양 고전에서 답을 얻을 때가 많습니다. 최근엔 몇 년 동안 『논어』, 『대학』, 『중용』, 『대학연의』, 『심경부주』, 『명심보감』을 읽고 있습니다. 저는 이 책들 속에서 '사람의 마음을 읽는 법', '대인관계', '소통', '공감', '리더가 갖춰야 할 마음과 자질' 등 살아가는 데 필요한 실용적인 지침들을 많이 배우고 있어요.

요즘은 리더십 관련 실용서들을 많이 본다고 합니다. 그런데 동양 고전을 읽다 보니 그 속에 리더십에 대한 답이 많아요. 군주가 받은 교육을 통해 한 시대가 결정되므로 군주의 리더십을 평가하려면 그가 어떤 교육을 받고, 어떤 책을 읽었는지 보라고 하더군요. 현명한 왕 세종대왕이 어떤 책을 읽었는지 궁금했습니다. 세종뿐만 아니라 조선 왕들의 필독서였다는 『대학연의』라는 책이 있다는 것을 알고 나니, 그 책을 안 읽을 수가 없었지요.

『중종실록』에는 "어제 경연에서 부제학이 『대학연의』는 이미 진강했으며, 진덕수가 지은 『심경』도 공부하는 데 매우 관계가 있다고 했으니, 들여오도록 하라"라는 구절이 있고, 『현종실록』

에는 "『심경』, 『대학연의』에 전심하여 급선무로 삼는 것이 더 나을 것입니다"라는 구절이 나오더군요. 그러니 자연스레 『심경』도 읽을 수밖에요. 송나라 정치가이자 학자인 진덕수가 썼다는 두 권의 책 속에 지도자가 갖춰야 할 자세와 마음가짐의 요체가 담겨 있었습니다. 이렇게 관심 분야의 책을 정독하다 보면 다음엔 어떤 책을 읽어야 할지, 독서 지도map를 스스로 그리게 됩니다.

독서는 지도coach받는 것이 아니라, 스스로 지도를 그릴 수 있어야 합니다. 그때 인생이 달라집니다. 고전은 읽으면 읽을수록 협소한 현실을 초월해서 거시적 안목으로 내 인생을 설계하는 해방감을 맛보게 해줍니다. 나 스스로 창조적인 생각을 할 수 있게 됩니다.

『논어』「위정」 편에 "옛것을 배워 익히고 그리하여 새것을 알아내면, 얼마든지 다른 사람의 스승이 될 수 있다"라는 내용이 있습니다. 우리가 고전을 읽어야 하는 이유입니다. 당장 학점 관리, 취업 준비에 바쁜 사람들은 '나중에 취업하면 꼭 읽겠다'고 결심하며 책 읽기를 애써 참을지도 모릅니다. 안타깝게도 취업하면 더 바빠져요. 애써 만들지 않으면 늘 없는 게 시간입니다.

책을 읽고, 현명한 어른을 찾아가서 대화를 많이 나누면 다르게 사는 법을 배울 수 있습니다. 어른들이 시키는 대로 입시 공부, 취업 공부만 하다 보면 우리가 제일 싫어하는 '꼰대'로 나이 들게 됩니다. 우리는 어른들에게 책과 함께 노닐며 인생의 지도를 자유롭게 그리기보다는 강의실에서, 학교에서 1등을 하라고 끈질기게 강요당해 왔습니다. 하지만 우리는 이미 알고 있지 않습니까. 교실이 얼마나 별 볼 일 없는 공간인지를.

책을 많이 읽은 사람들은 어눌하게 표현하더라도 말 속에 지혜가 녹아 있기에 상대의 마음에 고스란히 전달됩니다. 책을 많이 읽고 깊은 사유를 하는 사람들은 할 말이 많아서 때로는 침묵합니다. 꼭 할 말만 하기 위해서 생산적인 사유의 시간을 갖는 것이지요. 많이 읽고 사유하지 않는 사람들은 할 말이 없어서 침묵할 수밖에 없는 삶을 살거나, 남의 말은 듣지 않고 자기 고집만 부리는 꼰대가 되고 맙니다.

짐승은 행동으로 자식을 가르칩니다. 그런데 사람은 입으로 아랫사람을 가르치려 들지요. 말로 가르치지 않고 행동으로 가르치는 어른, 노력하는 어른이 되려면 책을 읽어야만 합니다. 농익은 나이의 향기를 풍기는 어른이 되지 못하고, 나이의 권력을 탐하는 꼰대가 많아진 이유는 간단합니다. 책을 안 읽기 때문입니다.

다음 문을 여는 연습

자세히 보면
참 괜찮은 사람, 나

• 30대엔 늘 불안했어요. 내 젊음이 놓친 것들이 안타까웠죠. 마음껏 연애할걸, 여행도 더 다닐걸, 마음껏 즐기고 살걸, 나 자신에게 더 많이 투자할걸, 외모도 더 가꿀걸, 더 열심히 나의 발전을 위해 노력할걸……

흰 머리카락이 하나씩 돋아날 때마다 내 속의 '젊은 여자'가 한 명씩 죽어 나가는 것 같았어요.

서른아홉을 건너온 여자들에게 가끔 물어보는 게 있어요.

"서른아홉 마지막 날, 뭐 했어?"

서른아홉 마지막 날, 온종일 우울했죠. 아무도 만나기 싫었고 12월 31일, 32일, 33일, 34일……. 이렇게 날짜가 계속되면 좋겠다는 생각을 했어요. 거리를 걷는데 광고판 하나가 내 눈에 들어왔어요.

'미간+눈가+사각턱 패키지 21만 원. 2개월 이내 무료 리터치 행사. 오늘 마지막 날!'

유난히 눈웃음을 많이 짓는 저는 눈가 주름이 또래에 비해 많은 게 콤플렉스였어요.

'그래, 주름이라도 없애자!'

성형외과 문을 힘차게 열고 들어가서 "패키지!"라고 외쳤죠. 두툼한 내 턱선을 보고 이름난 관상쟁이는 '말년 복이 아주 많다'라고 극찬했는데, 의사 선생은 날렵한 턱선이 동안을 만든다며 패키지 선택을 거듭 칭찬했어요. 미간과 눈 옆, 눈 밑, 양쪽 턱에 수십 번 주삿바늘이 꽂힐 때마다 아파서 눈물이 죽죽 흘렀지만, 동안을 완성하려면 참아야 한다고 주먹을 불끈 쥐었죠.

2주일 후. 보톡스의 효과는 놀라웠어요. 얼굴 전체 근육이 마음대로 움직여지지 않았어요. 피부는 모공이 안 보일 정도로 팽팽해진 대신, 저는 어떤 표정도 자연스레 지을 수 없었어요. 웃는 모습이 아주 가관이었어요. 눈을 부릅뜬 채 입만 웃는 낯설고 무서운 여자가 거울 앞에 서 있었어요.

사람들은 내게 "화났냐", "엄청 피곤해 보인다"라는 말을 연발했어요. 2년 만에 만난 친구는 "너는 웃는 게 예쁜데, 왜 안 웃어? 네가 눈웃음을 안 치니 폭삭 늙어 보인다"라고 하더군요. 저는 온종일 셀카를 찍고, 웃는 모습을 동영상으로도 찍어서 저를 관찰했어요. 정말, 인상 나쁜 나이 든 여자가 어색하게 웃고 있었어요. 눈앞이 캄캄했어요.

열심히 인터넷 검색을 했어요. '보톡스 부작용'을 검색창에 써넣은 순간 '사무라이 눈썹', '눈꺼풀 처짐', '웃을 때 무섭대요', '한쪽 눈 안 떠

짐' 등 엄청난 부작용 사례가 검색됐어요. 사나운 '사무라이 눈썹' 사진들도 떴고요. 더욱 절망스러운 것은 '보톡스 빨리 풀리는 법'을 검색한 후였어요. 수십 명의 전문가가 같은 대답을 하고 있었어요. "없습니다. 5~6개월이 지나야 원래대로 돌아옵니다."

마흔은 그렇게 찾아왔어요. 없애고 싶었던 내 눈가의 주름과 두둑한 턱살이 복스러운 내 인상을 만드는 트레이드마크였다는 것을 그제야 깨달았죠. 비로소 '있는 그대로의 나'가 얼마나 소중한지도 알게 됐어요. 지난 시간 동안 가꾸어온 나의 내면이 내 표정과 자연스러운 주름살을 통해서 드러나고 있었다는 사실을 비로소 알게 된 거예요.

저는 강력한 보톡스의 효과가 어서 풀리고, 자연스러운 주름과 두둑한 턱선이 되돌아오길 간절히 기다렸어요. 내면을 닦아서 자연스레 우러나는 아름다움을 맞이하기로 마음을 바꾼 거예요. '마흔'은 잃어버린 '동안'을 억지로 만들고 '겉모습'을 꾸미기 위해 애쓰기보다 나를 바로 세워 내 마음속 꽃부리 안에 있는 잠재성이 남김없이 꽃피우도록 내면을 닦는 데 애써야 할 나이라는 것을 깨달았어요.

그리고 나니 40대에는 익어가는 내 나이를 편안하게 누릴 수 있었어요. 마음이 편안해지니 피부가 맑아지고 "인상 참 좋다"라는 소리를 자주 듣게 됐죠. 외면보다 내면을 다지는 것이 더 가치 있다는 것을 40대에 체험하고 나니, 50대엔 웬만한 바람에도 흔들리지 않는 평온한 마음을 누릴 수 있을 것 같아 기대돼요.

저뿐만 아니라 많은 여성이 자신이 사랑하는 것에 어느 정도 중독적인 성향을 가지고 있어요. 타인에게 인정받고 싶다는 욕구는 누구에게나 있지만, 그중에서도 외모의 아름다움을 인정받고 싶어 하는 집착이 강한 사람들은 성형이나 다이어트에 집착하게 됩니다. 타인에게 주목받으면서 자기 가치를 확인해야만 자기만족을 느끼고 안심하는 거죠.

자기애가 강한 것이 나쁜 건 아니에요. '나는 내가 참 좋다. 나는 다른 사람보다 뛰어난 점이 많다' 정도의 나르시시즘은 정신건강에 좋고, 삶을 살아가는 데 건강한 에너지가 되죠. 성인기의 건강한 자아 존중감에 바탕이 되기도 하고요.

하지만 지나친 자기애는 집착으로 이어져서 성형수술과 무리한 다이어트에 목숨을 걸게 됩니다. 그 내면을 들여다보면 사실 극심한 열등감에 시달리고 있는 경우가 많아요. 진짜 자기 모습을 사람들에게 들키기 싫어서 더 자신 있는 척, 우월한 척 연기하느라 힘들고 그것을 스스로도 사실로 믿으려 발버둥 치는 고통에 빠져 있는거죠. 외형적 자아의 우월감과 내면적 자아의 열등감 간에 충돌을 일으키고, 심해지면 병적 나르시시즘, 즉 자기애성 인격 장애에 빠지게 됩니다.

• 나의 가치를 외부 세계와 타인의 평가에 맡길 때, 결국에는 겉으로 보이는 외모와 사회적 지위에 집착하고 외부 세계를 원망하기에 이르러요. 나의 진정한 가치를 평가할 수 있는 자격은 오로지 나 자신에게 있습니다. 자존감은 진정으로 나 자신을 아끼고 사랑하는 마음을 가질 때 내면에서 차오르는 거예요. 허상에 의존하고 집착하고 중독 증상

을 보이는 것, 겉으로 보이는 우월감의 민얼굴은 초라한 열등감일 뿐이지요.

• 욕심 없는 사람들은 타인과 나를 비교할 필요가 없기 때문에 타인이 가진 외모나 경제력, 사회적 지위 등에 질투를 느낄 필요도 없고 열등감을 가질 필요성도 못 느낍니다. 최고가 될 필요도 없고, 타인이 나를 어떻게 평가하든 신경 쓸 필요가 없어요. 내 능력만큼 목표를 세우고 만족하며 건강한 자존감을 키워나가면 됩니다. 자신과 타인에게 있는 그대로의 내 모습을 보여줄 수 있는 자신감, 그것이 진정한 자기애가 아닐까요? 자신을 정말 사랑한다면 남과 비교하지 말고 나만 가진 내 모습을 인정하며, 스스로를 학대하지 않아야 합니다.

"이 정도면 예쁘네!"
"오늘까지 살아오느라 참 애썼다. 너니까 여기까지 온 거야!"

• 오늘은 거울을 보며 스스로를 칭찬해봅시다. 자세히 보면 꽤 괜찮은 사람이 바로 나 자신이에요.

박상미의
고민 상담실

이제, 어떤 모습으로 나이 들고 싶은지 생각을 정리해볼까요?
세상이 나를 알아주지 않으면 어떡하나, 인정받지 못하면 어떡하나,
고민하지 않아도 됩니다. 묵묵히 나의 내실을 다지며 나만의 길,
나다운 길을 가면 됩니다.

'내 마음에 드는 나', 나의 성장 목표를 작성해보세요.

.

7장

성장

내 운명을
축복하자

힘과 자신감은
내 안에 있다

•   몸은 눈에 보이기에 보살피기 쉽지만, 마음은 보이지 않기에 늘 뒷전으로 밀려납니다. 나 지금 너무 힘들다고, 아프다고 용기 내어 호소하면 의지가 약한 사람으로 치부되죠. 솔직하면 솔직할수록 미숙한 사람, 엄살이 심한 사람 취급을 받아요. '가장'이라는 이름이 붙은 사람들은 그런 면에서 더 억울합니다. 숨어서 울 수밖에 없어요. 상담실이나 병원을 찾는 일은 사치 같고, 왠지 패잔병이 된 것 같기도 해서 스스로도 외면하며 혼잣말을 할 뿐이죠. '나는 왜 이렇게 심약할까', '이깟 걸로 끙끙 앓다니' 하며 자기가 먼저 마음을 무시하고 타박합니다.

세상에서 가장 해석하기 어려운 언어가 마음의 언어입니다.

내 마음도 모르겠는데, 남의 마음을 어떻게 읽겠어요. 오독과 오해로 멀어지는 그와 나의 관계를 지켜보면서도, 엉킨 실타래를 풀 엄두가 안 나서 바라만 보고 있습니다. 가족과의 소통에도 매일 실패하는 마당에 타인과 소통하는 데 자신이 있을 리가 없죠. 관계 속에서 마음 읽는 법을 배워야 하는데, 관계에 미숙하니 심리적 대가를 혹독하게 치르게 됩니다.

나이가 든다고 누구나 '어른'이 되는 것은 아닌가 봅니다. 마흔이 넘으면 중후한 멋을 풍기고 여유도 좀 생길 줄 알았는데, 때때로 혼자 숨어서 울어야 하는 외로운 시간의 블랙홀에 빠진 듯하니까요. 늘 마흔이 되길 기다리며 살았습니다. 마흔이 되면 누구나 '불혹不惑'하고 쉰이 되면 '지천명知天命'에 이르는 줄 알았어요. 중년이 된다는 것은 매사에 '적중的中'하고 인생의 깨달음을 토대로 지혜로운 판단을 하는 어른이 되는 거라고 믿었죠.

마흔을 넘어서고 보니, 잘 늙고 싶다는 생각이 들더군요. 신중하게 말하고 행동하며, 가까운 벗에게라도 믿음을 줄 수 있는 사람으로 나이 들고 싶어요. 평온한 마음을 유지하면서 지혜로운 어른이 되도록 말이에요.

재소자를 돕는 봉사를 하기 위해 40대 여러 명이 종종 모임을 갖습니다. 지그문트 프로이트가 말했다잖아요. "항상 자신에게 정직하게 살아가는 것이 인생을 사는 훌륭한 태도다"라고요. 안 아픈 척 잘 사는 척 위선 떨지 말고 나 자신에게 정직해지자고, 아프면 아프다 하고, 힘들면 힘들다 말하기로 했어요. 내 마음을 건강하게 지키면서 나이 드는 게 멋지게 늙어가는 것 아니겠냐며 용기를 낸 것이지요.

모이고 보니 40대라는 점만 같을 뿐 오인오색이었습니다. 결혼을 안 한 사람, 못 한 사람, 이혼한 사람, 별거하는 사람, 결혼했으나 아이가 없는 사람. 자랄 때 TV에서 본 40대, 내가 막연히 상상한 40대는 초·중등생 남매를 둔 부부였던 것 같아요. 아이들은 무럭무럭 자라고, 부부 사이는 따뜻함이 넘치는 잔잔한 가정의 모습이었어요. 그런데 살아보니, 현실의 40대는 그리 만만치 않았습니다. 흔히 '평범하지 않다'고 말하죠. 하지만 평범이란 무엇일까요? 사람들을 모두 모아놓고 그 삶의 평균치를 구해서 잣대로 삼으면 폭력적일 수 있습니다. 예컨대 그 잣대로 우리의 40대를 평가해보면 우리 다섯 명은 평범치 않은, 어쩌면 반은 실패한 사람들일지도 모릅니다. 그것은 남의 이목이라는 잣대로 나를 평가한 결과이기에 아무런 의미가 없습니다. 그렇지만 완전히 무시할 수가 없어서 스트레스를 받곤 해요.

"마흔둘, 나는 왜 결혼을 못 하는 걸까. 내 주변엔 왜 괜찮은 싱글 남자가 하나도 없는 걸까. 어쩌다 괜찮은 남자를 발견해서 보면, 그 곁에는 응당 훨씬 괜찮은 아내가 있더라고. 나는 이제 영영 결혼은 못 할 것 같아……. 언젠가 꼭 결혼해서 아이를 하나 낳고 싶은데, 생리 양은 급격히 줄어들고, 곧 폐경되는 것은 아닐까 두려워하면서도 산부인과에 가볼 용기는 없어."

"나는 마흔다섯에 생리가 석 달이나 안 나와서 산부인과에 갔더니 폐경이라더라. 웃긴 게, 여자 인생이 끝났다고 하니까 갑자기 여자로 살고 싶은 욕망이 끓어오르는 거야. 그때 처음으로 결혼해서 애를 낳고 싶어졌어. 호르몬 치료 받고 생리가 돌아왔지. 남자만 생기면 언제든 아이부터 낳을 거야. 현대 의학으로 충분히 가능하다고 내 주치의가 그러더라. 나랑 같이 병원 가자. 별거 아닌 고민이잖아!"

"아내가 강력히 원해서 별거를 시작했어. 처형이 소식을 전해주면서 말하길, 아내의 가장 큰 불만이 내 정력이 약하다는 거래. 충격이었지. 회사 일이 너무 힘들어서 집에 가면 그저 쉬고 싶고 자고 싶었을 뿐인데……. 생활이 그러다 보니 성욕도 없어지더라고. 집에서도 밖에서도 무능한 남자가 돼버리고 만 것 같아서 자괴감이 들어."

"몸과 마음은 하나야. 늘 같이 반응하잖아. 마음의 소통이 없어지니 몸의 소통도 시들해진 게 아닐까? 마음의 소통에 문제가 없는 데도 몸이 반응하지 않으면 의학의 도움을 받으면 되는 거고. 성적인 부분에서 치료받는 것을 너무 부담스럽게 생각하는 게 문제야. 그리고 너는 아들딸 둘이나 낳았잖아? 우리 부부는 몸의 소통이 잘되고 정력도 문제가 없는데 아이가 안 생겨. 네가 부럽다."

  우리 대화는 이런 식으로 이어집니다. 남에게 말 못 하고 혼자 끙끙 앓던 고민을 털어놓으면, 다른 아픔이 다가와서 위로하고 용기를 줍니다. 그거 별거 아니라고, 나는 오히려 네가 부럽다고, 어려운 문제 아니라고, 해결할 수 있다고, 너는 꽤 잘 살아왔다고, 오늘까지 우리 참 잘 살아왔다고…….
  그러다 보면 내 안에 원래 있었으나 억눌려 있던 자신감이 꿈틀거리는 것을 느낄 수 있습니다. 우리는 헤어질 때 항상 손뼉 치며 이렇게 인사합니다.
  "오늘까지 참 잘 살아왔습니다. 애쓰셨습니다. 역시 멋져요!"

작은 목표와
잦은 성취가
인생의 기적을 만든다

•　　　'습관이 몸에 밴다'라는 건 '그 행동을 하지 않을 때 더욱 힘든 상황에 처한다'라는 뜻입니다. 몸에 밴 안 좋은 습관을 버리고 내가 바라는 좋은 습관을 유지하는 기억세포를 만들려면 어떻게 해야 할까요?

'살 빼자. 규칙적으로 운동하자. 정리정돈 잘하자.' 성인이 된 후 매년, 매달, 매주 마음먹지만 매번 나를 자괴감에 빠지게 하는 목표들입니다. 매년 목표 세우고, 실패하고, 자책하기를 반복하면서도 포기할 수 없는 이 세 가지를 더 나이 들기 전에 습관으로 만들기 위해서 도전을 해봤습니다.

도전 50일째, 결과는 꽤 만족스럽습니다. 5년 동안 서서히 늘기만 했던 몸무게가 2킬로그램이나 줄었고, 집은 서서히 깨끗해지고 있습니다. 여기에는 다음 세 가지 수칙이 큰 도움이 됐습니다.

첫째, '막연하게 큰 목표'를 세우지 않습니다.

목표가 크고 막연할수록 금방 지쳐버려요. 실천 가능한 하루 목표량을 최소한으로 정하고, 조금씩 성취해나가는 것이 좋습니다. 작은 목표를 달성하면서 몸에 익히면, 가속도가 붙어 시간을 늘릴 수 있어요. 5킬로그램 감량하기, 매일 한 시간 운동하기, 매일 집 청소하기. 쉽게 세우는 계획이지만, 체력이 안 좋고 몸 움직이는 걸 싫어하고 정리정돈 못 하는 나에겐 엄청나게 힘든 일이라는 걸 인정하는 것부터 시작했어요. 내 성향을 무시하고 매일 강요하고, 못 지키고, 자책하기를 반복하다 보니 스트레스 받아서 폭식하게 되고, 매달 '인생 최고 몸무게'를 찍고 있었거든요. 막연한 목표는 성취 가능성이 작을 수밖에 없으니까요.

실천 가능한 작은 목표를 세우고, 매일 성취하는 기쁨을 느낄 기회를 나 자신에게 주어야 합니다. 하루 1만 보 걷기가 아니라 2,000보 걷기, 저녁 금식 또는 6시 이후 음식 안 먹기 대신 8시까지 식사 마치기나 식사 이후 야식 안 먹기, 매일 집 청소하기가 아니라 자기 전 20분간 알람을 맞춰놓고 정리정돈 하기.

너무 소심한 계획 같지만 '이 정도면 지킬 수 있겠다' 하는 나 자신과의 협상에서 고심 끝에 정한 것이었어요. '집 청소를 다 하고 자자'라고 생각하면, 생각만으로도 지치고 맙니다. 시간을 정해놓고 그 시간만큼만 정리하고, 시간이 되면 멈추는 거예요. 그러면 그 시간에 맞는 규모를 정해놓고 시작하게 되고, 집은 조금씩 깨끗해지죠. 2주 동안 어지르고 하루 날 잡아서 대청소하고, 몸살 나서 끙끙 앓으며 "청소는 정말 힘들어!"를 외치는 것보다는 훨씬 쉬웠어요.

둘째, 습관을 바꾸려면 같은 행동을 '3주 동안 매일' 해야 합니다.

3주는 뇌에 습관을 각인시키는 단계입니다. 작은 목표를 세우고 3주 동안은 하루도 어기지 않는 것이 중요해요. 사람의 뇌는 충분히 반복하지 않으면 저항합니다. 그 행동을 입력할 기억세포가 만들어지지 않았기 때문이죠. 새로운 행동이 습관화되는 데는 최소 3주가 걸립니다. 생각이 '고정관념'을 담당하는 대뇌피질과 '불안'을 담당하는 대뇌변연계를 거쳐서, '습관화' 하는 뇌간까지 이르는 데 걸리는 최소한의 시간이 3주거든요. 흔히 '21일 법칙'이라 불리는데, 심리학자와 의학자의 연구를 통해 체계화됐어요. 실제 심리치유 프로그램을 진행할 때도 3주 단위로 진행하는데, 그게 다 이 때문입니다.

셋째, 3개월 동안 지속합니다.

3주 동안 뇌에 습관을 각인시켰다면, 이 습관을 완전히 몸에 배게 하는 데 3개월이 걸립니다. 나의 나쁜 습관 1호인 '미루기'는 바로 '크고 막연한 계획 세우기'에서 비롯된 것이었어요. 실천이 어려우니 미루게 되고, 미루다 보니 습관이 됐던 거죠.

이번 주부터는 '7시 30분까지 저녁을 먹은 후 야식 안 먹기, 하루 2,500보 걷기, 자기 전 25분간 정리정돈 하기'로 목표치를 늘려 봤어요. 꽤 할 만합니다. 심지어 어제는 6시 30분에 저녁 식사를 끝낸 후 야식을 안 먹었고, 계획보다 500보가량 더 걸어서 매우 뿌듯했어요. 이렇게 3개월을 지속하고 나면 몸에 완전히 배서 아마 안 하고는 못 견디지 않을까요?

작은 계획으로 일단 습관을 만드세요. 가속도가 붙어서 시간을 늘릴 수 있답니다.

'내가 원하는 나'로
살겠다는 결심

● 　　대학 때부터 지금까지 만 20년 동안 아버지 장례식을 치르느라 정신을 놓았던 일주일, 첫사랑을 잃고 끙끙 앓던 며칠을 빼고는 어기지 않고 해온 일이 '매일 A4 한 장 글쓰기'입니다.

그날 공부한 것에 대한 정리, 읽은 글들에 대한 생각, 짧은 소설, 동화, 연애편지 등 장르는 제멋대로였지만 언젠가 책도 내고 칼럼도 쓰는 사람이 되고 싶다는 꿈을 붙들기 위해 아무리 힘들어도 지켜온 나 자신과의 약속이에요.

신춘문예에는 매번 낙방했습니다. 낙방한 날 딱 하루는 글을 안 썼어요. 대신 다음 날 두 장을 쓰면서 나를 다잡았죠. 그렇게라도 매일 쓰지 않으면 영영 글을 못 쓰게 될 것 같아서였습니다. 박사 논문을 끝낼 때까지 쓴 모든 논문은 '매일 A4 한 장 글쓰기'에서 제외했어요. 논문은 내가 정말 쓰고 싶은 글이 아니었기 때문입니다.

글쟁이로서는 늦게 데뷔했어요. 서른일곱에 '문화평론가'라는 이름으로 일간지에 한두 번 글을 쓰고, 서른여덟에 신문 연재를 시작하고, 마흔이 돼서야 첫 책을 냈습니다.

매일 한 장의 글을 쓰고, 소리 내어 읽어보고, 읽을 때 어색했던 문장을 고쳐쓰기를 계속하면서 나는 비로소 글을 쓰는 데 자신감이 붙기 시작했어요. 누군가에게 첨삭을 받는 것보다 내가 쓴 글을 소리 내 읽고 어색한 부분을 스스로 고치고, 다시 소리 내 읽어보고 또 고치는 과정이 내게는 가장 좋은 글쓰기 훈련이었고 여전히 그 방법을 고수하고 있습니다.

책을 읽다가 좋은 문장들을 만나면 그 역시 소리 내 읽어봅니다. 그러면 눈과 귀, 그리고 내 몸 전체에 좋은 문장에 대한 감각이 입력되는 느낌을 받아요. 그렇게 길러진 감각은 내가 글을 쓸 때 나의 색깔에 맞게 문장에 스며들곤 합니다.

인터뷰를 할 때 글 잘 쓰는 작가를 만나기도 합니다. 그중에서도 기억에 오래 남는 사람이 있어요. 김창완 씨입니다. 팝 뮤지

션 밥 딜런이 노벨문학상을 받는 시대잖아요. 뮤지션 중에 밥 딜런처럼 작사를 잘하는 사람은 많지만 소설, 동화, 동시, 수필 쓰기로 영역을 넓히는 일은 흔치 않습니다.

소설 『사일런트 머신 길자』, 산문집 『이제야 보이네』, 『안녕, 나의 모든 하루』의 작가이자 『동시마중』 잡지에 「할아버지 불알」 등 동시 다섯 편을 발표하면서 정식 등단한 동시 시인 김창완. 국민가수로 더 많이 알려져 있지만, 나는 그를 열심히 쓰고 또 쓰는 글쟁이로서 더욱 '애정'합니다. 김창완 씨와 글쓰기에 대해 대화를 나눈 적이 있습니다.

글을 쓰고 싶은데 재능이 없어서 못 쓰겠다는 사람들이 많아요.

"일단, 써! 잘 쓰려고 하지 말고 써요. 잘 쓰려고 하니까 안 써지는 거예요. 잘 쓰고 못 쓰고는 자기 몫이 아닌 거예요. 나는 그림쟁이가 아니지만, 정말 그림을 좋아해요. 무조건 그려요. 그림이 되건 말건…… 글쟁이도 마찬가지고 음악 하는 사람도 마찬가지예요. 음악 하는 사람이 멋있는 음악을 해야겠다? 개코같은 소리지. 무조건 열심히 곡을 써야 해요. 실천적이지 않으면 아무것도 안 되는 거야.

알타미라 동굴 얘기를 해줄게요. 얼마나 사냥을 잘하고 싶었으면 어두운 동굴 속에다가 그림을 그렸겠어요? 그런데 아주 선명하게 그렸잖아요? 간절한 마음으로 동굴 속에 불을 지피고, 빨간색이 필요하면 자기 피를 찍어서라도 그렸을 것 아니야? 간절한 마음으로요. 무릇 모든 예술 장르에 다 통하는 얘기예요. 이론보다 중요한 건 간절한 마음이에요. 내가 음악을 처음 만들 때, 진짜 단순무식한 코드밖에 모를 때, 음악이 샘솟던 그때의 간절한 마음이 없어지는 게 두려워요."

  잘 쓰고 못 쓰고는 자기 몫이 아닙니다. 실천적이지 않으면 아무것도 안 돼요. 간절한 마음으로, 내 피를 찍어서라도 그림을 그리는 심정으로 써야 합니다. 글쓰기뿐만 아니라 모든 일이 그렇지요. 실천만이 실력이 되고, 평생 습관이 됩니다.

박상미의
고민 상담실

실천 가능한 작은 목표를 세우고
자주 성취하면서 습관을 만드는 일, 지금 시작해볼까요?
3주 동안 매일 실천하면서 '평생 습관'을 만들어봅시다.
새로운 습관을 몸에 익히는 것은
새로운 삶을 시작하는 가장 빠른 방법입니다.
실천만이 실력이 됩니다!

나를 위한 선물,
여행 치유

"삶이 허무해요. 나이만 먹네요……. 여행을 떠나고 싶은데 용기가 나지 않아요. 발목을 잡는 현실의 숙제도 너무 많고요. 함께 떠날 마음 맞는 친구를 구하기도 쉽지 않아요." － 35세, 여

●   삶은 길 위에서 만난 우연한 인연을 통해 답을 주기도 하고 지름길을 알려주기도 하죠. 여행을 하다 보면 나와 멀어질수록 내가 보일 때가 많습니다. 먼 곳으로 긴 여행을 떠나는 것도 좋겠지만, 하루를 온전히 나만을 위해 쓸 수 있다면 어디든 가까운 곳으로 혼자 떠나는 일일 여행을 자주 하는 것이 치유 효과는 더 큰 것 같아요. 혼자 하루를 걸으면, 생각할 시간도 많고 나와 대화하는 시간을 충분히 누릴 수 있어요. 한 달에 한 번

이라도 낯선 사람들 속에서 혼자 걷는 여행을 해보는 거예요.

장 그르니에의 『섬』에 이런 문장이 나와요.

"나는 혼자서, 아무것도 가진 것 없이, 낯선 도시에 도착하는 것을 수없이 꿈꾸어봤다. 그러면 나는 겸허하게, 아니 남루하게 살 수 있을 것 같았다. 무엇보다 그렇게 되면 '비밀'을 간직할 수 있을 것 같았다."

이 문장에 밑줄을 그었을 때 내가 느꼈던 낯선 도시의 바람 냄새, 그곳에서 만든 나의 비밀들이 떠오르기 시작했어요. 그르니에가 말한 '비밀스러운 삶. 고독한 삶이 아니라 비밀스러운 삶'은 낯선 도시, 낯선 사람들 속에서 내가 만든 '섬'에 머물며 나 자신과 대화하는 삶을 말하는 것이겠죠.

누구나 여행을 꿈꿉니다. 여행이라는 단어는 지금 내가 어디에 있건, 내가 경험한 여행의 추억을 호출하여 단시간에 나를 그곳으로 데려다 놓아요. 시간과 공간에 대한 나만의 비밀을 창조하는 여행의 다른 이름은 '설렘'이죠.

자기 자신에게서 도피하기 위해서 여행을 떠나고 싶다는 사람이 많습니다. 하지만 여행은 나 자신을 찾고, 내가 몰랐던 진짜 나를 만나기 위해서 떠나는 거랍니다. 그곳에서 미처 몰랐던 '나'를 만나고 걷고 대화하면서 찾은 답을 가지고, 내일을 사는 힘을 얻을 수 있어요.

몇 년 전, 해결되지 않는 고민을 안고 혼자 떠났던 제주 여행길에서 두 사람을 만났어요. 한 청년은 백혈병을 앓고 있었고, 한 아저씨는 서울의 삶을 접고 제주로 내려와서 걷고 걸으며 살아야 하는 이유를 찾는 중이라고 했어요. 우리는 이름도 나이도 묻지 않고 이틀을 같이 걸었어요. 길에서 만난 인연들에게 누구에게도 털어놓지 못하는 고민을 꺼내놓기도 하고, 한 사람이 울면 침묵으로 그 시간을 함께해주면서 말이에요. 침묵이 길어지면 저는 노래를 불렀어요. 셋이 같이 노래를 부르며 걷다 보면 마치 전생에서 이 길을 우리가 같이 걸은 적이 있었던 듯한 생각이 들기도 했어요.

누구도 서로의 고민에 답을 주지 않았는데 내 속에서 답이 떠오르기 시작했어요. 누구도 먼저 이름을 묻지 않고, 끝내 아무도 묻지 않는 인연을 여행길에서 만나기도 하죠. 얼굴도 희미하게 잊혀가지만, 헤어질 때 굳게 잡았던 손의 온기는 여전히 기억나요.

"달은 우리에게 늘 똑같은 한쪽만 보여준다. 생각보다 많은 사람의 삶 또한 그러하다. 그들 삶의 가려진 쪽에 대해서 우리는 짐작으로밖에 알지 못하는데, 정작 단 하나 중요한 것은 그쪽이다."

머리를 나부끼며 혼자 걸을 때, 인생은 문득 달의 반대편을 보여주기도 하죠. 하루여도 좋아요. 나만의 비밀을 만드는 여행을 떠나세요.

박상미의
고민 상담실

내 삶에서 의미 있는 '체험 가치'를 기록하는 일은

인생을 더욱 풍성하게 만듭니다.

삶이 고단하고 지칠 때 행복했던 여행의 기억을 꺼내볼 수 있다면,

다시 오늘을 살아갈 수 있는 힘이 생기고 언젠가 다시 그 곳을 찾아가

치유의 시간을 보내리라는 설렘을 만끽할 수 있겠지요.

의미 있는, 소중한 여행의 기억을 불러오세요,

그리고 기록해주세요.

힘들고 지친 어느 날, 꺼내 읽을 수 있도록.

의미 있는 삶,
이렇게 살자

●　　　어딜 가든, 누구를 만나든 사람들은 대인관계가 어렵다고 호소합니다. 성별, 나이, 학력, 사회적 위치를 불문하고 대인관계에서 어려움을 겪지요. 나이 들면 경험도 많아져서 쉬워질 거라 생각했는데 나이 들수록 어려운 게 대인관계인 것 같아요.

사회생활을 하면서 만나는 많은 사람과 유연하게 관계 맺으며 살아가려면 나부터 '만나고 싶은 사람', '관계 맺고 싶은 사람'이 되어야 합니다. 그러면 대인관계에서 겪는 어려움이 자연스레 줄어들고, 주변에 좋은 사람들이 모여들 거예요.

사회생활에서 관계를 맺을 때, 나는 어떤 사람이 되어야 할까요? 『논어』를 공부하다가 지혜로운 답을 찾을 수 있었어요.

자공이 공자에게 묻습니다. "군자도 미워하는 것이 있습니까?"
공자가 답합니다. "미워하는 것이 있다. 다른 사람의 나쁜 점을
말하는 사람을 미워하고, 아래에 있으면서 윗사람을 헐뜯는
사람을 미워하며, 용맹하기만 하고 예의가 없는 사람을 미워하
고, 과감하기만 하고 앞뒤가 꽉 막힌 자를 미워한다."

- 「양화」 24장

타인을 험담하는 사람, 윗사람을 헐뜯는 사람, 예의 없는 사
람, 타인의 말을 듣지 않고 내 생각만 고집하는 사람이 되면 타
인에게 미움받는 사람이 되므로, 그런 사람이 되지 않도록 노력
해야 한다고 공자는 말합니다.

이번에는 공자가 자공을 향해 묻습니다.
"사야, 너도 미워함이 있느냐?"
자공은 대답합니다.
"겉을 살피는 것을 사람 아는 것으로 여기는 자를 미워하며, 겸
손하지 않은 것을 용맹으로 여기는 자를 미워하며, 남의 비밀
을 들추는 것을 곧은 것으로 생각하는 자를 미워합니다."

- 「양화」 24장

공자가 제자인 자공에게 생각을 물었을 때, 자공은 좀 더 구체적으로 답합니다. 사람의 겉모습만 보고 품평하는 사람, 자신이 용맹하다고 착각하며 겸손하지 않고 예의 없이 행동하는 사람, 남의 비밀을 들춰 소문내는 사람을 경계해야 한다는 것입니다.

공자와 자공이 경계한 사람이 되지 않도록 노력한다면 주변엔 좋은 사람들이 저절로 모여들 것이고, 대인관계는 어려움이 줄어들 것입니다.

하지만 공자의 수제자 중 한 명이었던 자공도 이런 사람이 되기가 말처럼 쉽지는 않았나 봅니다.

자공이 이런저런 사람 품평을 하자 공자가 말합니다.

"자공은 참으로 나보다 나은가 보구나! 나는 그럴 시간이 없다."

– 「헌문」 31장

사람 품평하지 말고 비밀을 들추는 자를 경계해야 한다고 말했던 자공도 이 사람 저 사람 평가를 하다가 스승께 한 방 먹는 장면입니다. 자공보다 공부와 지혜가 부족한 나는 더더욱 타인을 평가하고 뒷말할 자격이 없는데, 그동안 사람 품평하며 살아왔음을 반성합니다. 앞으로는 좀 더 타인을 존중하고, 소통에 힘쓰며, 나를 바로 세우는 공부에 열중하며 살아야겠습니다.

박상미의
고민 상담실

이제 내가 생각하는 '행복하게 잘 사는 삶'에 대해 써보세요.

어떤 삶을 살고 싶나요?

진심으로 내가 원하는 삶에 초점을 맞춰보세요.

책에서 발견한 것도 좋고,

내 마음 속에서 새롭게 발견한 것이 있다면 더 좋아요.

다음 문을 여는 연습

세상을 바라보는
마음의 창이 달라졌나요?

• 현대 경영의 정신적 지도자로 불리는 오마에 겐이치는 그의 저서 『난문쾌답』에서 '인간을 바꾸는 세 가지 방법'을 다음과 같이 정의했습니다.

1. 시간을 달리 쓰는 것
2. 사는 곳을 바꾸는 것
3. 새로운 사람을 사귀는 것

• '새로운 결심을 하는 것'은 가장 무의미한 행위며, 이 세 가지 방법이 아니면 인간은 바뀌지 않는다는 것입니다. 결심만으로는 의식을 바꿀 수 없고, 삶도 바꿀 수 없습니다. 교통이 편한 곳으로, 집값이 오를 곳으로 이사할 것이 아니라, 내 인생에 의미를 더해주고, 내 삶의 지평을 넓히는 생각을 키워주는 사람들과 교류할 수 있는 공간으로 이동해야 합니다. 좋은 사람들과 많은 소통을 할 수 있는 삶의 공간 이동을 통해서 인생의 시간을 달리 쓰는 것이 인생을 바꾸는 방법이라는 것입니다.

'행복하게 잘 사는 삶'에 대해 열 가지로 정리해보았습니다. 심리학자들이 쓴 행복에 관한 논문을 정리하고, 그동안 동양 철학을 공부하며 얻은 깨달음을 토대로 한 것입니다.

하나 만나면 기분 좋고, 삶의 의미를 느끼게 해주는 사람들과 함께 하는 삶.

둘 소유보다는 의미 있는 경험을 사는 데 돈을 쓰는 삶.

셋 몸을 건강하게 유지하는 삶.

넷 단정 짓지 않고, 작은 일에 목숨 걸지 않고, 유연하게 사는 삶.

다섯 나보다 뛰어난 사람을 질투하지 않고 가까이 지내면서 장점을 배우는 삶.

여섯 나를 소중히 여기는 마음으로, 남도 소중히 여기는 삶.

일곱 타인의 행복을 해치면서 나의 행복을 추구하지 않는 삶.

여덟 나답게 사는 법을 공부하는 삶.

아홉 잘못은 즉시 고치고, 같은 실수를 거듭하지 않는 삶.

열 좀 더 나은 세상을 만드는 데 조금이라도 일조하고 있다는 보람을 느끼는 삶.

우리는 지금까지 인간관계를 좀 더 편하게 할 수 있는 연습과 내 감정의 주인이 되는 연습을 했습니다. 이제는 어제보다 튼튼해진 마음으로 편안한 관계를 맺으며 내일의 문을 열기 바랍니다.

내 마음 속 울고 있는 아이, 만났나요?

알수록 꽤 괜찮은 나 자신도 발견했나요?

당신 가슴속에 차오른 자존감 위에, 나를 진심으로 사랑하는 자기자비를 더할 수 있으면 좋겠습니다. 마음이 지닌 치유 능력을 믿으세요.

당신의 마음은 거대한 우주예요. 아픔을 이겨낸 당신의 마음이 당신의 가족과 소중한 친구들, 그들의 우주까지 살릴 수 있기를 바랍니다.

필사
노트

지금, 지친 나에게
따스한 위로를 건네주세요

근육을 우리말로 '힘살'이라고도 합니다. 우리 몸이 힘을 쓰게 하는 살이라는 얘기지요. 근육을 기르지 않으면 우리 몸은 힘을 발휘할 수 없습니다.

우리 마음에도 근육이 있습니다. 잘 다치는 마음을 보호하고 싶다면, 마음 근육을 길러야 합니다. 마음 힘살에서 긍정 에너지를 발산해야 하며 내 인생의 기초 대사량을 증가시켜야 해요. 내 마음의 근육량은 얼마나 될까요? '마음 힘살'을 길러야 긍정 에너지를 발산할 수 있고, 관계를 살리는 기초 대사량도 증가시킬 수 있다는 걸 기억하세요.

-본문 4쪽

비난받아서 속상할 때, 나를 비난한 사람보다 내가 성숙한 인품을 지닌 '한 수 위'라는 걸 보여줄 좋은 기회를 놓치지 마세요. 이럴 때 합리적인 사고를 하려면 평소에 연습을 해야 합니다.

1. 누구나 상대를 비난할 수 있다. 그걸 인정하자. 당신도 나를 비난할 자유는 있다. 하지만 당신 판단이 옳은지는 내가 평가해보겠다.
2. 모든 사람이 당신과 같은 생각으로 나를 비난하는 건 아니다. 나를 향한 당신의 비난이 합당한지 아닌지 지금부터 살펴보겠다.
3. 내가 몰랐던 나의 단점을 찾게 될 좋은 기회일 수도 있으니까, 최대한 감정을 가라앉히고 생각해보는 시간을 갖겠다.
4. 당신의 비난이 오로지 비난에만 목적이 있다면, 나는 당신을 무시하겠다. 당신, 사람 보는 눈 정말 없구나! 나는 내 감정을 소모하며 당신을 상대하지 않겠다.

-본문 18쪽

나의 단점을 가장 모르는 사람이 '나 자신'입니다. 더불어 나의 장점도 잘 모르지요. 나의 단점을 너무 모르면, 내 말과 생각이 다 옳다는 착각에 빠져서 상대의 생각이 틀렸음을 증명하는 데 힘을 뺍니다.

인간은 모두 다중적인 성향을 가지고 있어요. 누군가가 나의 장점이나 단점을 말해주는 것이 나를 '멋진 나'로 키울 수 있는 절호의 찬스가 될 수 있습니다.

장점을 들었을 때는 "땡큐!"를 외치며 장점을 키우고, 단점을 들었을 때는 쿨하게 접수하세요. 나를 점검하는 기회로 삼는 거죠. 진짜 단점이 맞는 것 같을 때는 또 한 번 쿨하게 고치려고 노력하는 거예요. 몰랐을 땐 거듭하던 실수를 알고 나면 조심하게 되니까요.

-본문 19쪽

첫째, 지혜롭고 현명한 멘토에게 조언을 구합니다. 솔직한 생각을 말하고 도움을 요청하면 객관적인 판단을 하는 데 도움이 됩니다.

둘째, 쿨하게 받아들이고 성장의 계기로 삼습니다.

"당신의 표현 방식이 저에 대한 비난처럼 들려서 기분이 상했었어요. 하지만 생각해보니 내가 몰랐던 단점을 잘 발견해주셨어요. 당신이 아니었다면 아마 저는 그 단점을 극복하지 못한 채 덜 멋진 나로 평생 살았겠죠. 나를 성장시킬 기회를 줘서 고마워요! 저를 얼마나 관심 있게 관찰하셨으면, 제가 발견하지 못한 단점까지 살펴봐주시고……. 그것도 상대에 대한 애정이라는 걸 알아요! 제가 성장할 기회를 주셔서 고마워요!"

셋째, 비난당한 상황을 자기비난으로 끌고 가면 안 됩니다. 자신의 잘못을 용서할 줄 아는 사람이 남의 잘못에도 너그러워요. 실수했을 때 '아, 실수했네. 다음엔 또 그러지 말아야지' 하고 자신을 용서하되 성장의 계기로 삼는 사람은 타인의 실수에도 너그럽게 반응할 수 있어요.

"실수할 수 있어. 괜찮아. 다음엔 조심하면 되지. 어떻게 늘 완벽할 수 있어? 앞으론 잘할 수 있을 거야."

-본문 20쪽

소문을 만드는 자와 전하는 자의 말을 듣게 되거든 그들의 말 속에 숨은 의도, 즉 행간을 읽으세요. 그래야 같은 수준의 사람이 되어 나락으로 함께 떨어지는 일을 막을 수 있습니다. 가능하면 듣지 마세요. 개인의 사생활에 관계된 것이라면 더더욱! 들어 줘야 하는 상황이라면, 소문을 전하는 주체와 소문 속 주인공의 관계를 냉철하게 파악하고 들으세요. 동조하는 말이나 리액션은 하지 마세요. 함께 험담한 사람이 되고 맙니다.

-본문 33쪽

나에게 필요한 문장만 필사해요.

만약 내가 억울한 소문의 주인공이 됐다면? 그럴 때는 우선
세 가지를 기억하세요.

첫째, 침착해야 합니다. 흥분해서 사실을 무기로 저항해봤자
소문만 더 무성해지는 경우가 많기 때문입니다.

둘째, 세상은 늘 오해할 준비가 되어 있다는 것을 인정하세요.
'저토록 흥분하는 것은 소문이 사실이기 때문'이라고 오해할 여
지를 제공하는 것입니다.

셋째, 전략을 세운 뒤 지혜로운 선배에게 조언을 구하세요. 물
론 무대응이 가장 좋은 방법입니다. 하지만 소문의 악의성이 도
를 넘어서 사실 입증을 해야 할 필요가 있다면, 전략을 잘 세운
뒤에 지혜로운 사람들을 찾아가 그 전략에 대한 조언을 구해야
합니다. 그다음에 대응하는 것이 나를 보호하는 방법이자, 오해
많은 세상과 소통하는 방법입니다.

소문을 만들어내고 여기저기 퍼뜨리고 다니는 사람들의 말에
상처받지 마세요. 가까이 할수록 삶이 피곤해지는 사람들과는
자연스럽게 인연이 끊어지는 게 좋습니다. 관계가 멀어질수록 오
히려 고마운 일입니다.

-본문 35쪽

아버지는 '거절의 기술'을 제게 가르치려 애쓰셨습니다.

"부탁에는 두 가지가 있다. 몸으로 할 일과 돈으로 할 일. 남의 부탁을 들어주느라 내 몸이 힘들어지면, 정작 나를 위해서 투자할 시간과 에너지를 잃게 된다. 남을 위해서 나에게 피해 주는 일은 하지 마라. 그러면 인간관계가 부담스러워진다."

"돈 부탁을 받으면 내가 가진 현금 안에서, 당장 없어도 불편하지 않을 만큼의 돈을 주고 아까워하지도 돌려받을 생각도 하지 마라. 단, 거절당한 사람이 수치심을 느끼지 않도록 말과 표정에 진심을 담아라. 당장은 원망할 수 있겠지만, 시간이 지나면 고마워하게 된다."

"원하는 만큼을 얻지 못해서 끝까지 원망하는 사람은, 인연이 거기까지인 사람이다. 나는 거절 못 하는 성격 때문에 나는 물론이요, 가족에게까지 피해를 주며 살았다. 내가 거절하면 관계가 깨질까 봐 두려워서 그랬다. 그런데 돌이켜보면, 좋은 관계를 유지하고 싶은 사람은 상대에게 피해를 줄 수 있는 과한 부탁을 하지 않는다. 그런 사람을 경계해라."

"남의 부탁을 거절하는 그 순간은 힘들다. 하지만 '잘 거절하는 연습'을 해야 앞으로 너와 네 가족을 지킬 수 있다."

-본문 48쪽

'거절하는 자세'에서 인품이 드러납니다. 시간이든 돈이든 내게 여유가 없는데도 거절하기 힘들어서, 관계가 깨질까 두려워서 수락하는 건 위선입니다.

상대가 부담을 느낄 정도의 무리한 부탁을 흔히 하는 사람들은 자기중심적이고 자기 이익에만 밝은 사람들입니다. 그런 사람들과는 관계가 '많이' 멀어져도 괜찮습니다.

기쁘게 수락할 수 있는 경우가 아니라면 지혜롭게 거절하는 것이 상대와 나의 관계를 살리는 길입니다.

-본문 56쪽

"나면서 아는 자는 최고요, 배워서 아는 자는 다음이요, 겪고 나서야 그것을 배우는 자는 그다음이요, 겪고 나서도 배우려 하지 않으면 사람으로서 최하가 된다."

-논어「계씨」7장

겪고 나서 배운 것을 잊지 말 것! 겪기 전에 배움을 통해 사람 보는 안목을 기를 것! 남 탓 중독증에서 벗어나 끊임없이 배우고 나를 발전시킬 때 타인을 대하는 표정과 말이 바뀝니다. 그러면 자연스레 나를 믿어주고 위해주는 좋은 사람들이 곁에 모입니다.

-본문 65쪽

우리가 잘 웃지 못하는 이유는 솔직한 감정을 절제하며 살기 때문입니다. 어릴 때부터 우리는 감정을 절제하는 게 어른스럽고, 듬직하고, 차분한 거라고 교육받아왔기 때문이에요. 지금부터라도 웃는 연습을 해봅시다.

"우리는 행복하기 때문에 웃는 것이 아니고, 웃기 때문에 행복하다."

심리학자 윌리엄 제임스가 한 말입니다. 자꾸 웃으면 내 입에서 부정적인 말이 떠나가게 됩니다.

-본문 72쪽

"분노하며 원한을 품는 것은, 내가 독을 마시고 상대가 죽기를 바라는 거예요."

미국 작가 말라키 매코트가 한 말입니다. 상대는 저의 존재조차 잊은 듯 잘 살고 있는데, 저는 스스로 독약을 원샷하고 상대가 망하거나 죽기를 바라고 있었던 거죠. 과거의 지옥에 갇혀서 저승사자 꼴을 하고 있는 건 바로 나였어요. 나를 배신한 사람의 불행을 바라며 내 시간과 감정을 쏟은 건, 복수가 아니라 나를 죽이는 것이었어요.

-본문 89쪽

상대에게 큰 상처를 받았다면, 내 마음속에 일어나는 고통과 분노의 감정을 거부하지 말고 당연히 일어나는 감정이라고 인정하세요. 분노는 무의식에서 일어나는 감정입니다. 억누른다고 사라지는 게 아닙니다. 상대가 가까운 관계였다면, 특히 가족이라면 고통이 더 크고 오래갑니다. 관계의 죽음도 죽음입니다. 애도의 시간이 필요합니다. 자기비난은 금물입니다. 분노를 없애려는 무모한 노력을 멈추고, 그 분노를 자연스러운 감정으로 받아들이세요.

하지만 이미 다친 나를 보호하기 위해서 분노를 '행동'으로 옮겨서는 안 됩니다. 분노가 행동이 되는 순간, 예측 불가능한 위험이 내 인생에 더 큰 상처를 낼 수도 있습니다. 분노는 상대를 죽이는 게 아니라 나를 죽입니다. 나를 고통에 빠트린 상대 때문에 더 많은 것, 아니 내 전부를 잃을 수도 있어요. 상대가 오늘을 살며 미래의 문을 열고 있을 때 나는 과거의 방에 갇혀서 산다면, 얼마나 억울한가요?

-본문 90쪽 (1)

분노의 감정을 거부하지 말고 당연히 일어나는 감정이라고 인정하세요. 무의식에서 일어나는 분노의 감정을 가만히 바라보세요. '무의식'의 감정을 '의식'의 영역으로 가만히 끌어와서 침착하게 대화를 한번 해봅시다.

나는 왜 분노하는가? 나는 그에게 어떻게 하고 싶은가? 복수하고 싶은가? 복수하고 싶다면 구체적으로 어떻게 하고 싶은가? 그것을 행동으로 옮겼을 때, 어떤 결과가 발생할까? 그 결과로 내가 얻는 것은 무엇인가? 그 결과로 내가 잃는 것은 무엇인가?

-본문 90쪽 (2)

가장 현명한 복수를 시작해봅시다. 내 인생의 하찮은 존재로서 아예 잊어버리는 연습을 해보세요. 잊는다는 건, 그를 내 기억 속에서 죽이는 것입니다.

인생에서 가치 없는 인간을 기억의 쓰레기통에 처넣고 불태워 없애는 것, 그것이 내가 할 수 있는 가장 현명한 복수입니다.

내 기억에서 서서히 잊힐 때, 용서도 서서히 이루어집니다. 억지로 분노를 참고 용서하려고 애쓰지 마세요. 진짜 복수는 신의 영역이고, 신이 대신 해주는 날이 옵니다. 신의 시계는 우리가 원할 때 움직이지 않고 늦게 움직일 뿐입니다.

-본문 93쪽

유리컵에 물이 가득 차 있는데, 물을 더 부으면 어떻게 될까요? 당연히 흘러넘치죠. 우리 마음도 같습니다. 우울, 분노, 짜증, 섭섭함 같은 감정이 나의 마음그릇에 넘칠 지경으로 차 있으면 옆 사람의 농담 한마디도 수용할 여유가 없어져요. 작은 농담의 씨앗 하나 담을 자리가 없어요.

타고나기를 마음그릇이 크고 두꺼운 사람이 있고, 작고 얇은 사람이 있어요. 마음그릇이 작고 얇은 사람일수록 더 아파요. 독이 든 말과 칼이 된 말에 쉽게 금이 가고 깨지죠. 슬픔, 우울, 분노, 절망과 같은 감정들은 저절로 삭아 없어지지 않아요. 그러므로 자주 비워야 해요. 마음을 자주 비워야 긍정적인 감정을 많이 담을 수 있습니다.

-본문 118쪽

나를 무조건 지지하고 믿어주고 받아줄 존재인 가족. 고맙고
도 고마운 존재죠. 하지만 그걸 표현하지 않으면 못 느껴요. 그
마음을 아낌없이 표현할 때 '무엇이든 할 수 있다'라는 자신감과
'나는 소중한 존재다'라는 자존감을 가지게 됩니다. 어른, 아이
할 것 없이 모두가 마찬가지예요. 내 얘기에 귀 기울여 줄 사람
이 한 명만 곁에 있어도 마음이 쉽게 다치지 않아요.

-본문 120쪽

긍정적인 사람은 '현재'를 생각하지만, 부정적인 사람은 '과거'에 집착합니다. 돌이킬 수 없는 과거의 일 때문에 현재가 더 외롭고 고달파집니다. 과거의 일 때문에 현재에 눈물 흘리고, 미래를 생각해도 한숨만 나오고요. 나이가 들수록 사고 습관이 나의 현재를 만듭니다. 비슷한 성향의 사람들끼리 관계를 맺게 되고, 나의 성향과 인간관계가 나의 미래를 결정하죠.

부단히 노력해서 사고방식을 바꾸지 않으면 '말'도 바뀌지 않습니다. 비합리적인 말, 부정적인 말, 죽이는 말을 입에 달고 살게 되는 거죠. 그럼 내 주변에 좋은 에너지를 가진 밝은 사람도 모여들지 않습니다. 비합리적 사고와 부정적 사고가 스트레스를 만듭니다. 생각의 습관을 바꿔보세요.

-본문 122쪽

나를 늙게 하고, 내 인생의 폭을 좁게 하는 걱정 버리기를 연습해봅시다. 어떤 상황이 내 앞에 닥쳤을 때, '걱정'하지 말고 '생각'을 하세요. '걱정을 해서 상황이 나아질 수 있는가?' 하고 따져보는 거예요. 걱정이 상황을 변화시킬 수 있는 경우는 거의 없습니다. 티베트에는 이런 속담도 있어요.

"걱정을 해서 걱정이 없어지면, 걱정이 없겠네!"

답이 없는 걱정은 자동차 공회전과 같아요. 앞으로 나가지도 않으면서 대기를 오염시키고, 에너지를 낭비하는 공회전 말이에요. 가족이 들이마시는 공기를 오염시키고 나의 에너지를 낭비하는 걱정을 버리고, 같은 상황을 긍정적으로 다시 평가해보는 '생각'을 해야 합니다.

-본문 139쪽

고생만 실컷 하고 일을 망치는 사람들의 공통점은 계획을 복잡하게 세운다는 것!

단순한 계획을 세우고, 단순하게 생각하는 사람들이 어쨌거나 결정을 잘 하고, 답을 찾을 확률이 높습니다. 과학에서도 단순한 이론이 결국 이겨요. 단순한 이론은 검증이 쉽고, 정밀한 과학에서는 수학적 모델을 만들기도 쉽습니다. 복잡한 이론은 검증하기 힘들고, 연구를 엉뚱한 방향으로 끌고 갑니다. 인생도 마찬가지! 복잡한 생각과 고민은 인생을 망치는 지름길입니다.

단순한 생각이 복잡한 생각을 이깁니다.

-본문 144쪽

대부분의 사랑은 아주 사소한 '소통 방식'의 문제 때문에 끝이 납니다. 지금 눈앞에 일어난 갈등의 원인, 즉 '현재의 사건'에만 주목해야 하는데, 오늘 이전에 일어났던 비슷한 '사건들'을 불러 모아서 "당신은 왜 항상 그래? 성격에 문제가 있어."라는 식으로 문제를 확대한다는 얘기입니다. 오늘 벌어진 갈등 상황에서 내 마음에 들지 않는 상대의 언행 일부를, 성급하게 상대의 성격으로 일반화해서 비난해선 안 됩니다. 그건 끝을 향해 질주하는 가장 빠른 방법이니까요.

-본문 161쪽

이별 후에는 '너 없이도 온전한 나 자신'이 되기 위해 도망치지 말고 직면해야 합니다. 실연의 고통에서 벗어나고 과거를 잘 정리해야만 새로운 사랑을 시작할 수 있습니다. 시작만큼 중요한 것이 과거를 정리하는 일입니다.

실연 후 찾아온 나의 감정을 피하지 말고, 내 아픈 감정을 잘 돌봐야 합니다. 생각할수록 아프고 괴롭더라도 도망치지 말고 직면해야 합니다.

자신을 되돌아보고, 이별을 인격적으로 성숙해지는 계기로 삼도록 노력해야 합니다. 나의 행복을 위해서 우리는 죽을 때까지 누군가를 사랑하면서 살아야 하니까요. 이번 경험을 계기로 다음에는 더 성숙한 사랑을 해야 하니까요.

무엇보다도 중요한 것은 '너 없이도 온전한 나 자신'을 찾으려 노력해야 한다는 것입니다. 인생의 반이 갑자기 없어진 상실감을 채워야 합니다.

-본문 168쪽

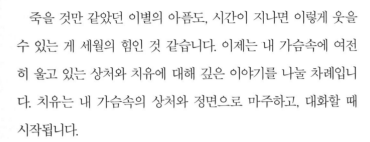

죽을 것만 같았던 이별의 아픔도, 시간이 지나면 이렇게 웃을 수 있는 게 세월의 힘인 것 같습니다. 이제는 내 가슴속에 여전히 울고 있는 상처와 치유에 대해 깊은 이야기를 나눌 차례입니다. 치유는 내 가슴속의 상처와 정면으로 마주하고, 대화할 때 시작됩니다.

-본문 185쪽

치유되지 못한 내 과거의 상처를 모르는 사람들은 그런 내 감정을 이해하기 어렵습니다. 그러니 우리는 힘들더라도 스스로 '과거의 아픔'과 마주하고 화해를 시도해야만 합니다.

오늘 내 삶이 온전히 행복할 수 있으려면 말이에요.

-본문 217쪽

지금 나의 감정이 오롯이 현재의 상황에서 비롯된 것이 아니라 과거에 상처받은 감정의 뿌리에서 기인한 것이라면, '내 상처의 뿌리'를 들여다보는 일은 현재의 관계를 살리기 위해서 매우 중요합니다.

나이가 들수록 그토록 싫어했던 아버지와 어머니의 말투, 화내는 모습까지 닮아가는 내 모습을 발견하고 당황스러워하는 분들이 많습니다. 내 상처의 뿌리인 초감정을 돌보지 않으면, 나의 상처를 자식에게 대물림하게 됩니다.

-본문 204쪽

죽음에 대해 고민하는 당신은 나약하고 인생에 실패한 패배자가 아니라 인생에 대한 고민이 남보다 깊은 사람입니다. 쓸모 없는 사람이 아니라 세상에 더 쓸모 있는 사람이 되기 위해 고난의 시간을 건너는 중입니다. 자살 충동을 이겨낸 당신의 경험으로 다음에 '죽고 싶어 하는 한 사람을 살리는' 날이 오리라 믿어요.

-본문 236쪽

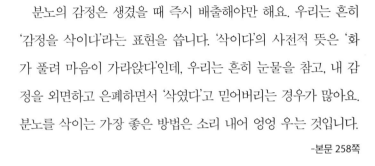

분노의 감정은 생겼을 때 즉시 배출해야만 해요. 우리는 흔히 '감정을 삭이다'라는 표현을 씁니다. '삭이다'의 사전적 뜻은 '화가 풀려 마음이 가라앉다'인데, 우리는 흔히 눈물을 참고, 내 감정을 외면하고 은폐하면서 '삭였다'고 믿어버리는 경우가 많아요. 분노를 삭이는 가장 좋은 방법은 소리 내어 엉엉 우는 것입니다.

-본문 258쪽

흘러간 과거는 돌이킬 수 없는 '전생'과 같아요. 후회하면서 과거 속에 갇혀 사는 건 전생에 갇혀서 사는 것과 같고, 꿈속을 헤매는 것과 같죠.

꿈 깨기 전에는 꿈을 삶이라고 착각합니다. 꿈에서 깨어나 '오늘'의 삶을 살아야 해요. 그동안 고생 많이 했어요. 하지만 헛되지 않아요. 지금 얻은 깨달음 덕분에 앞으로는 후회 없이 나를 사랑하면서 잘 살 수 있을 거예요. 나의 가장 좋은 친구는 나예요.

-본문 269쪽

나를 과장하고 포장할수록 사람들은 내 곁을 떠나요. '있는 그대로의 나'를 사랑할 때 진정한 '자기애'가 생기고, 자존감도 높아져요. 그러면 '척' 할 필요가 없어진답니다. 지금 모습 그대로 당신은 충분히 멋진 사람이에요.

-본문 285쪽

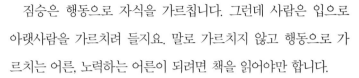

짐승은 행동으로 자식을 가르칩니다. 그런데 사람은 입으로 아랫사람을 가르치려 들지요. 말로 가르치지 않고 행동으로 가르치는 어른, 노력하는 어른이 되려면 책을 읽어야만 합니다.

-본문 296쪽

늘 책을 읽고 다른 사람 말을 듣는 연습을 해야 합니다. 결국은 삶의 태도가 민주적이어야 합니다. 나이라는 권력으로 쇠한 것을 메우려고 하면 안 됩니다. 나이가 들수록 듣는 연습을 해야 하고, 토론을 해야 합니다. 그렇지 못하면 그게 바로 노망든 것이겠지요. 늙으면 모든 것이 지겨워지는 법이지요. 이어서 치매가 오고 저 자신이 지겨운 인간이 되게 마련입니다. 좀 다르게 사는 법을 배워야 합니다. 배우기를 멈추지 말고 참신하게 생각하도록 노력해야 합니다. 가장 중요한 게 책을 읽는 것입니다.

-본문 291쪽

욕심 없는 사람들은 타인과 나를 비교할 필요가 없기 때문에 타인이 가진 외모나 경제력, 사회적 지위 등에 질투를 느낄 필요도 없고 열등감을 가질 필요성도 못 느낍니다. 최고가 될 필요도 없고, 타인이 나를 어떻게 평가하든 신경 쓸 필요가 없어요. 내 능력만큼 목표를 세우고 만족하며 건강한 자존감을 키워나가면 됩니다. 자신과 타인에게 있는 그대로의 내 모습을 보여줄 수 있는 자신감, 그것이 진정한 자기애가 아닐까요? 자신을 정말 사랑한다면 남과 비교하지 말고 나만 가진 내 모습을 인정하며, 스스로를 학대하지 않아야 합니다.

"이 정도면 예쁘네!"

"오늘까지 살아오느라 참 애썼다. 너니까 여기까지 온 거야!"

오늘은 거울을 보며 스스로를 칭찬해봅시다. 자세히 보면 꽤 괜찮은 사람이 바로 나 자신이에요.

-본문 301쪽

실천만이 실력이 되고, 평생 습관이 됩니다.

-본문 319쪽

머리를 나부끼며 혼자 걸을 때, 인생은 문득 달의 반대편을 보여주기도 하죠. 하루여도 좋아요. 나만의 비밀을 만드는 여행을 떠나세요.

-본문 325쪽

행복하게 잘 사는 삶

하나, 만나면 기분 좋고, 삶의 의미를 느끼게 해주는 사람들과
　　함께하는 삶.
둘, 소유보다는 의미 있는 경험을 사는 데 돈을 쓰는 삶.
셋, 몸을 건강하게 유지하는 삶.
넷, 단정 짓지 않고, 작은 일에 목숨 걸지 않고, 유연하게 사는 삶.
다섯, 나보다 뛰어난 사람을 질투하지 않고 가까이 지내면서
　　장점을 배우는 삶.
여섯, 나를 소중히 여기는 마음으로, 남도 소중히 여기는 삶.
일곱, 타인의 행복을 해치면서 나의 행복을 추구하지 않는 삶.
여덟, 나답게 사는 법을 공부하는 삶.
아홉, 잘못은 즉시 고치고, 같은 실수를 거듭하지 않는 삶.
열, 좀 더 나은 세상을 만드는 데 조금이라도 일조하고 있다
　　는 보람을 느끼는 삶.

-본문 334쪽

당신의 마음은 거대한 우주예요. 아픔을 이겨낸 당신의 마음이 당신의 가족과 소중한 친구들, 그들의 우주까지 살릴 수 있기를 바랍니다.

-본문 335쪽

마음 근육 튼튼한 내가 되는 법

ⓒ 박상미, 2024

초판 1쇄 발행일 | 2024년 3월 4일
초판 3쇄 발행일 | 2024년 10월 7일

지은이 | 박상미
펴낸이 | 사태희
편   집 | 최민혜
디자인 | 홍성권, 씨오디(color of dream)
마케팅 | 장민영
제   작 | 이승욱, 이대성

펴낸곳 | (주)특별한서재
출판등록 | 제2018-000085호
주 소 | 08505 서울시 금천구 가산디지털2로 101 한라원앤원타워 B동 1503호
전 화 | 02-3273-7878
팩 스 | 0505-832-0042
e-mail | specialbooks@naver.com
ISBN | 979-11-6703-100-6 (03180)